Die Küche der Frauen

Die Originalausgabe erschien unter dem Titel *Cuisines de femmes. 100 recettes du monde*
2003 bei Éditions Minerva, Genève (Suisse)

3., überarbeitete und komplett neu illustrierte Auflage 2013

Illustrationen, Gestaltung und Satz: Silke Klemt, Fürth, silkeklemt.de
Satz aus der ITC Officina Sans Bold
Druck und Bindung: TBB, a.s., Banská Bystrica
Printed in the Slovak Republic

ISBN 978-3-8369-2734-5

www.gerstenberg-verlag.de

100 Rezepte

Die Küche der Frauen

aus fünf Kontinenten

Texte: Cécile Maslakian
Illustrationen & Gestaltung: Silke Klemt
Fotos: Isabelle Rozenbaum
Aus dem Französischen von Claudia Steinitz

GERSTENBERG

Einleitung

Leïla, Eva, Lihong, Margarita, Kajsa … Zwanzig Frauen aus fünf Kontinenten kochen mit viel Spaß für ihre Familien und ihre Freunde – und nun auch für uns. Sie öffnen uns ihre Türen, teilen mit uns ihre Erinnerungen und laden uns ein, mit ihnen auf eine kulinarische Weltreise im Geist der Freundschaft zu gehen.

Wir haben dort haltgemacht, wo die Gaumenfreuden und Düfte entstehen: in der Küche. Sie ist auch der Ort, an dem sich das Herz öffnet und Geheimnisse offenbart werden. Es gibt keinen besseren Platz, um sich kennenzulernen, um voneinander zu erzählen, um sich zu erinnern.

Aus diesen fröhlichen, uns sehr bewegenden und freundschaftlichen Begegnungen ist dieses ungewöhnliche Kochbuch entstanden. Dabei verdanken wir unsere Einblicke nicht nur unseren Gastgeberinnen, sondern auch ihren Müttern, Tanten und Großmüttern, denn sie alle setzten die Tradition fort und brachten ihren Töchtern, Nichten und Enkelinnen die richtigen Handreichungen bei, verrieten ihnen ungeahnte Kompositionen und machten sie vertraut mit den Geschmacksnoten ihrer Heimat.

Unsere Köchinnen aus fünf Kontinenten bewahren ein reiches Erbe, das sie gerne mit uns teilen möchten. Mit den hundert Rezepten, die sie uns mitgegeben haben, lassen sich zwanzig komplette Menüs zubereiten, die uns gleichzeitig mit sehr unterschiedlichen Familientraditionen und kulturellen Besonderheiten bekanntmachen. Denn wir waren nicht nur neugierig auf Düfte und Geschmacksvarianten, wir wollten auch entdecken, was die Küche eines Landes über Land und Leute offenbart. Deutlich unterscheiden sich die Handfertigkeiten, Kochtechniken und Rituale von Region zu Region.

Zwanzig Frauen gewähren uns Zugang zu Geschichten und Anekdoten, die von ihrer Heimat, ihren Sitten und Gebräuchen, von Lebenskunst und Lebensphilosophie erzählen. Wir danken allen Frauen, die uns dieses kostbare und seltene Geschenk gemacht haben.

Dieses Buch sprüht vor Lebensfreude. Wir laden Sie ein, sich von der Begeisterung für die Kunst des Kochens anstecken zu lassen und wie die Porträtierten stundenlang am Herd zu stehen, zu lachen, zu schwatzen und zu naschen, während Sie Thieboudienne, Hühnercolombo, Posta oder Paella zubereiten. Vielleicht probieren Sie sogar, mit den Händen zu essen, wie es im Niger und im Senegal, in Marokko und in Sri Lanka üblich ist?

Lassen Sie sich verführen von exotischen Gaumenfreuden, neuen Rezeptideen und internationalen Kochtraditionen.

CÉCILE MASLAKIAN
ISABELLE ROZENBAUM

Inhalt

Europa

Monique ••• Frankreich 12
Tapenade 14
Anchoïade 15
(Sardellenpaste)
Lapin à la languedocienne 16
(Kaninchen aus dem Languedoc)
Soupe de fruits à l'eau de fleur d'oranger et au miel 17
(Obstsalat mit Orangenblütenwasser und Honig)

Eva ••• Deutschland 18
Flädlesuppe 20
Putengulasch 22
Semmelknödel 23
Rote Grütze 25

Alba ••• Italien 26
Tegole al parmigiano 28
(Parmesanchips)
Caponata 29
(Auberginenratatouille)
Pasta alla sarda 30
(Sardische Pasta)
Calamari ripieni 31
(Gefüllte Kalmare)

María ••• Spanien 32
Gambas al ajillo 34
(Gambas mit Knoblauch)
Champiñones al ajillo 34
(Champignons mit Knoblauch)
Pulpo a la gallega 35
(Krake auf galizische Art)
Paella 37
Brazo de gitano 38
(Biskuitrolle »Zigeunerarm«)

Kajsa ••• Schweden 40
Krustader 42
(Pikant gefüllte Mini Choux)
Skagen toast 43
(Garnelentoast)
Lax och romsås 44
(Lachs in Kaviarsauce)
Rabarber paj 47
(Rhabarberkuchen)
Vaniljsås 47
(Vanillesauce)

Asien

Marie-Laure ••• Syrien 50
Humus 52
(Kichererbsenpüree mit Sesamcreme)
Baba Ghannouj 53
(Auberginenkaviar)
Taboulé 54
(Weizensalat)
Kebbeh 55
(Fleischkuchen)
Mamuniye 56
(Grießcreme mit Zimt)

Kariné ••• Armenien 58
Salat Olivier 60
(Geflügelsalat mit Kartoffeln)
Dolmas 61
(Gefüllte Weinblätter)
Köfte 62
(Hackbällchen)
Brinz 63
(Pilaw-Reis)
Nazukner 64
(Hefegebäck)
Surdj 65
(Armenischer Mokka)

Dileeni ••• Sri Lanka 66
Pol kiri 68
(Kokosmilch)
Patola 69
(Gemüsecurry)
Gotukola sambol 70
(Petersiliensalat)
Dhal 71
(Rote Linsen)
Isso Curry 73
(Garnelencurry)

Lihong ••• China 74
Suan Zhi Zheng Qie 76
(Auberginen in Knoblauchsauce)
Zheng Ji 77
(Gefülltes Suppenhuhn)
Dan Jiao 78
(Eitaschen)
Gou Qi He Lan Dou 79
(Gebratene Zuckerschoten mit Bocksdorn)

Yuko ••• Japan 80
Tofu 82
Tofu to tomato no salada 82
(Tomatensalat mit Tofu)
Sushi-meshi 83
(Sushi-Reis)
Nori-maki-1 84
(Sushi mit Surimi)
Nori-maki-2 84
(Sushi mit Lachsrogen)
Temari 87
(Sushi mit Garnelen)
Wakame iri yudôfu 88
(Tofu mit Wakame)
Yonashi no jely 89
(Birnengelee)

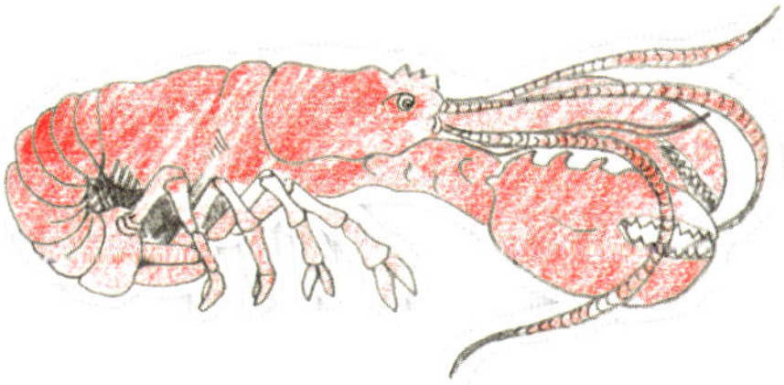

Amerika

Chantal ••• USA 92
Maque choux (Mais-Gemüse mit Crème fraîche) 94
Corn muffins (Muffins aus Maismehl) 95
Monterey chicken (Huhn Monterey) 96
Vegetable custard (Gemüsetörtchen) 97
Granny's chocolate cake (Omas Schokoladenkuchen) 98
Mixed red fruit crumble (Crumble mit roten Früchten) 99

Marie-Andrée ••• Antillen 100
Planter's Punch 102
Acras de morue (Kabeljaubällchen) 103
Gratin de christophines (Christophinengratin) 104
Colombo de poulet (Hähnchencolombo) 107
Reis 107
Flan au coco (Kokosflan) 108

Margarita ••• Kolumbien 110
Patacones (Kochbananenchips) 113
Posta (Rinderbraten kolumbianisch) 114
Arroz con coco (Kokosreis) 115
Flan de piña (Ananasflan) 116

Paola ••• Chile 118
Ceviche (Marinierter roher Fisch) 120
Camarones al pilpil (Knoblauchgarnelen) 121
Chupe de mariscos (Meeresfrüchte in Sahne) 123
Alfajores (Kleine Eierkuchen mit Milchkonfitüre) 125

Afrika & Indischer Ozean

Fatéma ••• Marokko 128
Chlada b'khézou (Karottensalat mit Orangensaft) 130
Chlada dial felfla (Salat mit gebratenen Paprikaschoten) 130
Zaalouk (Auberginencreme) 131
Chlada dial hams (Kichererbsensalat mit Kumin) 131
Maruziya (Lamm mit Rosinen und Honig) 132
Briouattes bel kefta (Fleischtaschen) 133
Harira bel karouia (Bohnensuppe mit Wildem Kümmel) 135
Knaffa: bastilla bel'hlib (Milchpastete) 136

Leïla ••• Niger 138
Copto 140
(Murungasalat)
Dunguri da mô 141
(Reis mit Schwarzaugenbohnen)
Tuwo 142
(Fester Hirsebrei)
La foye taiyo 143
(Okraschoten mit Fleisch und Fisch)
Donu (Hirsecreme) 144

Aïcha ••• Senegal 146
Pastels 149
(Fleischtaschen)
Thieboudienne 150
(Reis mit Fisch)
Thiakri 152
(Süße Hirsespeise)
Café touba 152
(Senegalesisches Kaffeegetränk)

Sonia ••• Mauritius 154
Achard 156
(Gebratene Gemüsestreifen mit Gewürzen)
Tipuri 157
(Weizenfladen)
Carrie de poisson 158
(Fischcurry)
Chatini 159
(Tomaten-Chili-Salat)
Tapioka 160

In den Zutatenlisten weisen Sternchen (*) auf seltene und/oder wenig bekannte Zutaten hin, die im Glossar auf Seite 182 ff. erklärt werden.

Ozeanien

Glenda ••• Australien 164
Salad plate 166
(Rohkostteller)
French garlic bread 167
(Knoblauchbrot)
Coleslaw 167
(Krautsalat)
Leg of lamb 169
(Lammkeule mit Blechkartoffeln)
Pavlova 170
(Fruchtbaiser)

Rachel ••• Neuseeland 172
Seared venison filet 174
(Hirschfilet)
Green salad 174
(Rucolasalat)
Lamb cutlets with coriander pesto 176
(Lammkoteletts mit Korianderpesto)
Roasted potatoes 177
(Backkartoffeln)
Orange roughy with a sweet chili glaze and lemon salsa 178
(Kaiserfisch mit Chilifond und Zitronensauce)
Roasted celeriac 179
(Gebratener Sellerie)
Lemon tart 180
(Zitronentorte)
Apple sorbet (Apfelsorbet) 181

Glossar 182
Rezeptregister 186
Zutatenregister 189
Danksagung 192
Viten 192

73443979
Klasse: 1
Inhalt:
500g

150g ℮ net.wt 5.3oz

Europa

Monique

Monique stammt aus Uzèz im Departement Gard. Sie hat ihren singenden Akzent aus dem warmherzigen, fröhlichen Süden Frankreichs auch in der Hauptstadt Paris bewahrt, wo sie seit über zwanzig Jahren lebt. Ihre Leidenschaft für das Kochen reicht bis in ihre früheste Kindheit zurück, obwohl sie damals in der Küche ihrer Mutter nie etwas anfassen durfte. Monique arbeitet heute als Kochredakteurin und Food Stylistin – und sie ist stolze Besitzerin von Hunderten von Kochbüchern, die sich in allen Zimmern ihrer Wohnung stapeln! Ihr Interesse gilt dem Kochen, den Düften, der Geselligkeit und dem Vergnügen an exzellentem Essen. Es ist die Welt einer *bonne vivante*, einer Frau, die zu genießen versteht.

Frankreich

Bei Monique wird man auf französische Art mit Kaffee und Gebäck empfangen. Dann grüßt der Süden mit Sardellencreme und *Tapenade* – der Name leitet sich von dem provenzalischen Wort für Kapern ab –, die als Appetithäppchen auf kleinen gerösteten Brotscheiben mit einem gut gekühlten Pastis gereicht werden. Im Alltag stehen Huhn, Kaninchen, Perlhuhn, Lamm und Hammelkeule auf dem Speiseplan, sie werden mit Knoblauch oder Sardellen gewürzt und mit einer Olivensauce zubereitet. Das Kaninchen aus dem Languedoc ist ein Sonntagsmahl, zu dem Nudeln, kleine Kartoffeln, Püree mit Olivenöl oder im Herbst auch gebratene Steinpilze mit Knoblauch gegessen werden. Im Sommer gibt es herrliche Gemüsegerichte, allen voran *Ratatouille*, die Monique besonders gern kocht – und isst. Auch Thunfisch in Tomatensauce mit Kapern, Seeteufelragout oder *Brandade* (pürierter Stockfisch) weiß sie zu schätzen. In Sachen Geschmack gehört die Provence zu den vielfältigsten Regionen Frankreichs. So sind der Fantasie auch beim Obstsalat als Dessert keine Grenzen gesetzt. Je nach Jahreszeit kann man Bananen durch Melonenscheiben ersetzen und das Orangenblütenwasser durch Rosenwasser.

Zu Weihnachten wird die Sardellencreme traditionell mit gekochten Artischocken serviert. Es gibt kein Fleisch, sondern Gemüse und Dorsch. Oft dabei ist auch Aioli und jede Mahlzeit endet mit den 13 Desserts aus Feigen, Datteln, Clementinen, Orangen, Gebäck, Mandelkonfekt, kandierten Früchten. Hauptsache, es schmeckt.

Tapenade

Zutaten für 4 Personen:

50 g	Kapern
5	Sardellenfilets, eingelegt in Olivenöl
300 g	große schwarze Oliven aus Griechenland oder grüne Oliven, ohne Stein
3 EL	Olivenöl
	geröstete Weißbrotscheiben

- Abgetropfte Kapern, Sardellenfilets und Oliven grob zerkleinern und mit Olivenöl vermengen: Die Tapenade darf nicht die Konsistenz eines Pürees haben, sondern muss noch kleine Stücke enthalten.
- Weißbrot rösten, mit Tapenade bestreichen und genießen.

Anchoïade

Sardellenpaste

Zutaten für 4 Personen:

2	Karotten
1	grüne oder rote Paprikaschote
1	Fenchelknolle
4	Stangen Sellerie
⅓	Blumenkohl
2	große Knoblauchzehen
4 EL	Olivenöl
80 g	Sardellenfilets, eingelegt in Olivenöl
250 g	Cocktailtomaten

- Das Gemüse waschen und wenn nötig häuten. Karotten, Paprika, Fenchel und Sellerie stifteln. Blumenkohl in Röschen teilen.
- Knoblauchzehen schälen und pressen. Öl bei schwacher Hitze in einer Pfanne erhitzen, Knoblauch und Sardellenfilets hinzugeben. Gut mischen. Wenn die Sardellen anfangen zu zergehen, etwa 5 Min. unter Rühren schmoren lassen.
- Warm essen oder abkühlen lassen. Mit dem rohen Gemüse servieren: Gemüsestifte in die Sardellencreme stippen.
- Als Appetithäppchen oder Vorspeise zu empfehlen.

Lapin à la languedocienne

Kaninchen aus dem Languedoc

Zutaten für 4–6 Personen:

4 EL Olivenöl
1 ganzes Kaninchen, in Portionsstücke zerlegt, mit Leber und Nieren
2 Zwiebeln
2 große Knoblauchzehen
150 g gepökelter magerer Speck
250 ml Rotwein (Sidi Brahim, ein algerischer Rotwein, oder Costières de Nîmes, ein Rotwein aus dem Languedoc)
1 TL Salz
frisch gemahlener Pfeffer
1 Lorbeerblatt
1 Rosmarinzweig
1 EL Kartoffelstärke oder Mehl

Als Beilage:
Kartoffelpüree mit Olivenöl oder Nudeln

- 2 EL Öl in einer Pfanne stark erhitzen. Kaninchenteile (ohne Leber und Nieren) etwa 10 Min. bei starker Hitze anbraten, zwischendurch wenden. Auf einem Teller beiseitelegen.
- Zwiebeln und Knoblauch schälen und fein hacken. Speckschwarte entfernen, fein würfeln. Speck, Leber und Nieren kleinschneiden und hacken. Zwiebeln, Knoblauch, Speck, Nieren und Leber in einer Schüssel mischen.
- 2 EL Öl bei schwacher Hitze erwärmen und die Mischung in die Pfanne geben. Umrühren, Schwarte und Wein hinzufügen. Etwa 10 Min. unter Rühren anbraten, dann die Kaninchenteile hineinlegen. Salzen, pfeffern, mit Lorbeerblatt und Rosmarin würzen. Pfanne abdecken, 45 Min. schmoren lassen.
- Wenn die Sauce nach dem Ende der Kochzeit noch zu flüssig ist, Kaninchenteile herausnehmen und die Sauce bei starker Hitze ohne Deckel einige Min. einkochen. Wenn nötig, 1 EL Stärke oder Mehl zum Andicken hinzufügen. Kaninchenteile für etwa 2 Min. in die Pfanne zurücklegen.
- Heiß servieren. Zum Kaninchen sind Kartoffelpüree mit Olivenöl oder Nudeln zu empfehlen.

Soupe de fruits à l´eau de fleur d´oranger et au miel

Obstsalat mit Orangenblütenwasser und Honig

Zutaten für 4 Personen:

2	Orangen
1	Banane
250 g	Erdbeeren (der Sorte Mara des Bois)
125 g	Himbeeren
2 EL	flüssiger Lavendelhonig (oder eine andere Sorte)
	Saft von 2 Orangen
1 EL	Orangenblütenwasser (oder Rosenwasser)

- Orangen schälen und häuten, Saft auffangen. Orangen in mundgerechte Stücke schneiden.
- Banane schälen, in Längsrichtung vierteln und in kleine Würfel schneiden.
- Erdbeeren entstielen und halbieren oder vierteln.
- Das Obst zusammen mit den Himbeeren mischen.
- Honig, Orangensaft und Orangenblütenwasser (oder Rosenwasser) glattrühren. Über das Obst gießen.
- Vorsichtig umrühren und vor dem Servieren 1 Std. in den Kühlschrank stellen.
- Im Sommer kann man die Banane durch Melonenstücke ersetzen.

Eva

Eva ist in der Nähe von Stuttgart geboren und hat bereits früh ihrer Mutter und ihrer Großmutter beim Kochen zugesehen. Weil es ihr so großen Spaß machte, schaute sie ihnen alle Tricks ab und kochte schon als Vierzehnjährige wie ein Profi. Als sie später in Hannover studierte, servierte sie ihren französischen Freunden gerne ihre Lieblingsgerichte, um zu beweisen, dass Deutschland zu Recht stolz auf seine kulinarischen Traditionen sein kann.

Heute führt sie ihre beiden kleinen Söhne in die Welt ihrer Kindheitsdüfte ein; sie achtet dabei auf eine ausgewogene Ernährung und richtet sich nach den Jahreszeiten. Sie möchte ihren Kindern vermitteln, dass die leckersten Gerichte aus hochwertigen Zutaten bereitet werden.

Deutschland

Eva vertraut vor allem auf die traditionellen Alltagsrezepte ihrer Familie. Ihre Gäste erwartet eine reichhaltige, üppige und gastliche Tafel, deftige und einfache Gerichte, die typisch sind für die deutsche Küche und die sie an die großen Familientreffen bei ihrer Großmutter erinnern. Uns hat Eva ihre Lieblingsspeisen angeboten: Spezialitäten aus Baden-Württemberg wie Flädlesuppe, aber auch Gerichte aus den Nachbarländern wie Putengulasch, dessen Rezept dem des berühmten ungarischen Rindergulasch sehr ähnlich ist. Die Sauce, eine Mischung aus Speck, Pilzen, Sahne und Weißwein, ist ein Genuss. Sie wird großzügig auf den Semmelknödeln verteilt, die als Beilage serviert werden.

Diese aufwendigen Gerichte isst man zu Mittag, das Abendbrot ist eher einfach. Es besteht aus Brot, kaltem Braten, Wurst und Käse. Angesichts von zweihundert deutschen Brotsorten von Weiß- bis Schwarzbrot lässt sich der Genuss endlos variieren. Wurst isst Eva ebenso gern wie pralle, mit Fleisch gefüllte Maultaschen, von denen die Legende sagt, dass sie einst erfunden wurden, um am Freitag den Verzehr von Fleisch vor den Nachbarn zu verheimlichen.

Die eher norddeutsche Rote Grütze bildet den idealen Abschluss.

Flädlesuppe

Zutaten für 4–6 Personen:

Für die Bouillon:

700 g Rindfleisch (aus der Schulter oder aus der Hesse)
1 Markknochen
4 Gewürznelken
1 Zwiebel
1 walnussgroßes Stück frischer Ingwer
8 schwarze Pfefferkörner
2 TL grobes Salz
1 Karotte
1 Sellerieknolle (150 g)
1 weiße Rübe
1 Stange Porree
einige Stängel Petersilie
1 EL fein geschnittener Schnittlauch zum Garnieren

Für die Pfannkuchen:

75 g Mehl
½ TL Salz
2 Eier
50 ml Bier
100 ml Milch
1 EL gehackte Petersilie
1 EL fein geschnittener Kerbel
1 EL fein geschnittener Schnittlauch
½ EL fein geschnittener Dill
Erdnussöl oder Traubenkernöl zum Braten
Butter zum Aufwärmen

Die Bouillon:

- Fleisch, Markknochen, mit Nelken gespickte Zwiebel, Ingwer und Pfeffer in 2 l kaltem Salzwasser aufsetzen. Auf kleiner Flamme etwa 75 Min. köcheln lassen. Geschälte und in große Stücke geschnittene Karotte, Sellerie, Rübe und Porree sowie Petersilie hinzufügen. Weitere 45 Min. kochen. Etwas abkühlen lassen. Fleisch, Markknochen und Gemüse herausnehmen und Brühe durch ein Tuch seihen. Es empfiehlt sich, die Brühe 12 Std. im Kühlschrank stehen zu lassen, um das Fett leichter von der Oberfläche abschöpfen zu können.

Die Pfannkuchen:

- Mehl, Salz und Eier mischen, nach und nach Bier und Milch dazugießen. 30 Min. ruhen lassen. Petersilie, Kerbel, Schnittlauch und Dill hinzufügen und in wenig Öl dünne Pfannkuchen braten, zusammenrollen und in feine Scheiben von ½ cm Dicke schneiden.
- Vor dem Servieren Brühe erhitzen und Pfannkuchenscheiben in etwas Butter bei schwacher Hitze aufwärmen, in tiefe Teller legen, mit Brühe übergießen. Mit Schnittlauchröllchen garnieren.

2 Liter
75
MINUTEN
große Fläche
WEITERE
45
MINUTEN
BRÜHE
12 STUNDEN
KÜHLSCHRANK

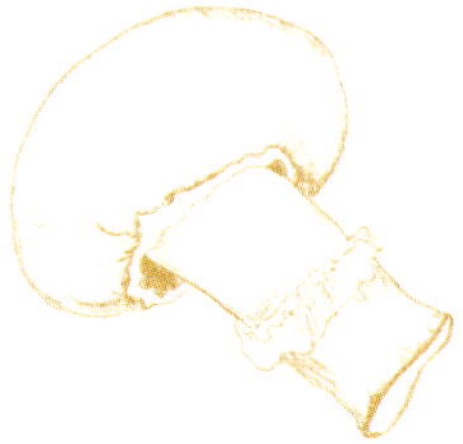

Putengulasch

Zutaten für 4 Personen:

400 g	Champignons
20 g	Butter
600 g	Putenfilet
80 g	geräucherter Speck, in dünne Scheiben geschnitten
2 EL	Mehl
2 TL	edelsüßes Paprikapulver
1 TL	Salz
3–4	Drehungen aus der Pfeffermühle
2 EL	Erdnuss-, Traubenkern- oder Sojaöl
200 ml	trockener Weißwein
200 g	Sahne
100 ml	Hühnerbrühe
1 EL	gezupfter frischer Thymian

Als Beilage:
Semmelknödel

- Pilze putzen. Kleine Pilze ganz lassen, größere halbieren. In Butter anbraten, ein paar Min. schmoren lassen und beiseitelegen.
- Putenfleisch in große Würfel, Speckscheiben in Vierecke schneiden.
- In einem tiefen Teller Mehl, Paprika, Salz und Pfeffer mischen. Fleischwürfel in dieser Mischung wenden.
- Öl in einem Schmortopf erhitzen. Fleischwürfel je nach Größe des Schmortopfes auf einmal oder in Teilportionen scharf anbraten. Fleisch herausnehmen, Speck im Schmortopf anbraten und mit der restlichen Mehl-Gewürz-Mischung bestäuben, wenn nötig 2 TL Mehl dazugeben. Nach 1 Min. mit Wein übergießen, diesen etwas einkochen lassen, dann erst Sahne und Brühe, anschließend Fleisch und Pilze mit ihrem Saft dazugeben. Etwa 25 Min. schmoren lassen, zum Schluss mit Thymian bestreuen. Abschmecken.
- Warm mit Semmelknödeln servieren.

Semmelknödel

Zutaten für 4 Personen:

150 g	trockenes Brot oder 1 Baguette (nicht älter als 2 Tage)
200 ml	Milch
1	große Zwiebel
20 g	Butter
	Salz
	Pfeffer
	Muskatnuss
2	Eier
2 EL	gehackte Petersilie

- Brot in kleine Würfel schneiden, mit lauwarmer Milch begießen. Etwas durchkneten und 30 Min. einweichen lassen.
- Zwiebel hacken und in Butter etwa 10 Min. auf kleiner Flamme anschwitzen. Mit Salz, Pfeffer und Muskatnuss abschmecken.
- Eier schlagen und mit Brot, Zwiebel und Petersilie mischen. Aus dieser Mischung Klöße von der Größe eines kleinen Apfels oder einer großen Aprikose formen.
- Salzwasser in einem großen Topf zum Kochen bringen. Wenn das Wasser kocht, die Klöße darin etwa 7 Min. kochen. Abtropfen lassen.
- Sofort servieren.

Hmmm...
Rote GRÜTZE
EISBONBON
EIRSCH

Rote Grütze

Zutaten für 4 Personen:

750 g	rote Früchte, je nach Saison (z. B. 200 g Himbeeren, 200 g Rote Johannisbeeren, 200 g Erdbeeren und 150 g Kirschen oder je 50–80 g Schwarze Johannisbeeren und Heidelbeeren)
150 ml	roter Traubensaft oder Kirschsaft oder Grenadine
2 EL	feiner Zucker
1	Zimtstange (3 cm lang)
½	Vanilleschote
2 EL	Maizena oder Kartoffelmehl

Als Garnitur:

Schlagsahne, Vanillesauce oder Vanilleeis

- Früchte waschen. Erdbeeren kleinschneiden, Johannisbeeren abzupfen, Kirschen entsteinen.
- Alle Früchte mit der Hälfte des Trauben- oder Kirschsafts, dem Zucker, der Zimtstange und der aufgeschlitzten Vanilleschote in einen Topf geben. Zum Kochen bringen und etwa 5 Min. köcheln lassen.
- Inzwischen das Mehl im restlichen Saft auflösen und zu den Früchten geben. Weitere 2 Min. unter ständigem Rühren köcheln lassen.
- Zimtstange und Vanilleschote herausnehmen, wenn nötig Zucker hinzufügen und abkühlen lassen.
- Traditionell wird diese Nachspeise kalt und mit einem Schlagsahnehäubchen serviert. Ebenso gut schmeckt sie mit Vanillesauce oder einer Kugel Vanilleeis.

Alba

Alba stammt aus einer italienischen Familie, die in Tunesien lebt. Die Erinnerung an ihre Herkunft pflegt sie vor allem mit den Gerichten, deren Rezepte sie von ihrer Mutter und von ihren Großmüttern übernommen hat, die in der Toskana und in Sizilien zu Hause waren. Natürlich hält sie an der Tradition fest, immer ein offenes Haus für zufällig vorbeikommende Freunde zu haben.

Für Alba ist Improvisation in letzter Minute kein Problem: Dann gibt es Pasta mit dieser oder jener Sauce, deren Geheimnis sie allein kennt, und das Problem ist gelöst. Schon lange denkt sie daran, ihre Lieblingsrezepte aufzuschreiben, um die Düfte und die Geschmacksvielfalt, die sie ein Leben lang begleitet haben, an ihre Kinder weiterzugeben.

Italien

In Italien sind die *Tegole al parmigiano* eine köstliche Nascherei. An Albas Tisch werden sie zum Appetitanregen gereicht. Eigentlich beginnt die Mahlzeit erst mit der Pasta, die nur selten als erster Gang fehlt und sich beliebig variieren lässt: Man muss sich nur unterschiedliche Saucen ausdenken und hat jedes Mal ein neues Gericht. Alba kocht die Pasta übrigens besonders gern mit allen möglichen Resten: Saucenfond, Fisch … Vor dem Servieren bestreut Alba ihre Pasta auf sardische Art mit Paniermehl. Das weckt allgemeines Erstaunen. Ist denn Italien nicht das Land des Parmesan? Ja, aber die Sarden machen eine Ausnahme, denn sie ersetzen Parmesan durch Paniermehl. Auch gehört es sich in Italien eigentlich nicht, Pasta mit Fisch und Parmesan zu essen, aber von Generation zu Generation werden solche Traditionen weniger streng gehandhabt.

Alba ist auf ihre Kochkunst ebenso stolz wie auf ihr Land. Sie erklärt uns, dass man oft ein falsches Bild von der italienischen Küche habe, die auch sehr raffiniert sein kann. Mit ihren köstlich gewürzten *Calamari* gibt sie uns eine Vorstellung davon. In Italien wird außerdem viel mit Steinpilzen und Trüffeln gekocht. So erwähnt Alba unter anderem ein Rezept für Pasta mit weißen Trüffeln. Natürlich gibt es regionale Unterschiede. Im Norden kocht man aufwendiger als im Süden: weniger scharf, mit weniger Knoblauch und feinerer Würze. Albas Herz schwankt stets zwischen der Toskana und Sizilien.

Tegole al parmigiano

Parmesanchips

- Parmesan und Mehl in einer Schüssel gründlich mit einer Gabel verrühren.
- Pfanne mit Antihaftbeschichtung ohne Fett erhitzen. Parmesan-Mehl-Mischung in die heiße Pfanne sieben, bis der gesamte Boden dünn bedeckt ist. Bei schwacher Hitze bräunen lassen. Achtung: Wenige Sek. reichen aus. Wenn die Mischung fest wird, diese wie einen Eierkuchen wenden. Erneut ein paar Sek. bräunen lassen und auf einen Teller legen.
- Den noch warmen Fladen in Stücke brechen und die Seiten an jedem Stück vorsichtig mit der Hand nach oben biegen. Die Chips werden beim Erkalten hart.
- Mit den nächsten Portionen ebenso verfahren, bis die Mischung aufgebraucht ist.
- Kalt servieren.

Zutaten für 6–8 Personen:

200 g geriebener Parmesankäse
6 TL Mehl

Caponata

Auberginenratatouille

Zutaten für 6 Personen:

6	mittelgroße Auberginen
1	Handvoll grobes Salz
4 EL	Olivenöl zum Braten
1	große Zwiebel
1	Knoblauchknolle
1	Stangensellerieherz
100 g	grüne Oliven, ohne Stein
5	sehr reife Tomaten, geschält
4	Stück Würfelzucker
	Salz
	Pfeffer
2 EL	Weinessig
50 g	gut abgetropfte Kapern

Staudensellerie

- Auberginen so häuten, dass nur jede zweite Hautlamelle an der Frucht bleibt und die Aubergine nach dem Schälen »gestreift« aussieht. 15 Min. in Wasser mit dem groben Salz einlegen. Dann in Würfel (2 x 2 cm) schneiden und bei schwacher Hitze in Olivenöl braten, häufig umrühren. Nach etwa 10 Min. sind sie gar und goldgelb. Abtropfen lassen und beiseitelegen.
- Zwiebel und Knoblauch schälen und fein hacken, Sellerie und Oliven in sehr kleine Stücke schneiden. Im Öl der Auberginen (wenn nötig etwas Olivenöl dazugeben) anschwitzen und 15–20 Min. schmoren lassen, eventuell ab und zu etwas Wasser nachgießen. Wenn die Zwiebel glasig ist, geschälte Tomaten, Zucker, Salz und Pfeffer dazugeben. 15–20 Min. bei kleiner Hitze eindicken lassen. Essig hinzugeben und bei starker Hitze 3–4 Min. verdampfen lassen. Hitze reduzieren, Kapern und Auberginen dazugeben und 15–20 Min. schmoren lassen.
- Kalt servieren.

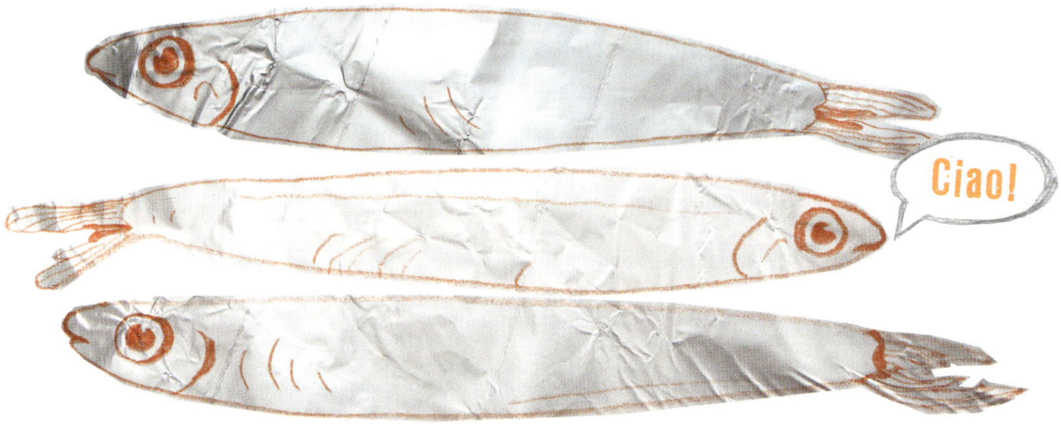

Pasta alla sarda

Sardische Pasta

- Einige Fenchelstängel beiseitelegen, Knollen und die übrigen Stängel sehr klein schneiden. In Olivenöl anbraten, abdecken und in etwa 30 Min. zu Püree kochen.
- Den Inhalt von 1 Büchse Sardellen, die Knoblauchzehen und die Chilischote grob zerkleinern und vermengen. Die Mischung zum Fenchelpüree geben. Die geschälten, in Stücke geschnittenen Tomaten hinzufügen. Köcheln lassen und wenn nötig etwas Wasser nachgießen. Salzen und pfeffern.
- Pasta kochen.
- Inzwischen das Paniermehl etwa 30 Sek. in Olivenöl bräunen.
- Sauce über die Pasta geben, mit den restlichen Fenchelstängeln und den abgetropften Sardellen der 2. Büchse garnieren.
- Sofort servieren.

Zutaten für 6 Personen:

2	große Fenchelknollen mit Stängeln
	Olivenöl zum Anbraten
2	Büchsen Sardellen, in Öl eingelegt
4	Knoblauchzehen
1	Chilischote*
4–5	enthäutete Tomaten
	Salz
	Pfeffer
1 kg	Fusilli
100 g	Paniermehl

Calamari ripieni

Gefüllte Kalmare

- Kalmare säubern, dabei nicht zerreißen. Taschen, Tentakel und Mantel trennen. Tentakel sehr klein schneiden.
- Die Füllung: Knoblauch hacken, Zwiebel würfeln. Etwas Koriander zum Garnieren aufheben, den Rest hacken. In einer Pfanne mit Olivenöl die Hälfte des Knoblauchs und der Zwiebel bei schwacher Hitze andünsten, damit der Knoblauch nicht verbrennt. Tentakelstücke und den gehackten Koriander hinzufügen. Etwa 30 Min. schmoren lassen, dann vom Herd nehmen und drei hartgekochte, mit der Gabel zerdrückte Eier dazugeben. Gut verrühren.
- Kalmare mit dieser Mischung füllen, nicht zu prall, damit sie während des Kochens nicht platzen. Mit einem Zahnstocher verschließen.
- Tomaten schälen und entkernen.
- Kalmare in einer Pfanne mit Olivenöl etwa 10 Min. bei schwacher Hitze anbraten (bis sie leicht gebräunt sind) und aus der Pfanne nehmen. Im selben Öl den verbleibenden Knoblauch und die Zwiebel andünsten, Tomaten, Zucker und ein Glas Wasser hinzufügen. Sauce etwa 10 Min. langsam andicken lassen, bis das Wasser vollständig verdampft ist, dann Kalmare dazugeben und 15–20 Min. köcheln lassen. Die Kalmare sind gar, wenn die Spitze eines kleinen Messers mühelos eindringen kann.
- Wenn die Kalmare gar sind, die Sauce aber noch sehr flüssig ist, Kalmare herausnehmen und Sauce bei starker Hitze einkochen.
- Mit Koriander und dem in Scheiben geschnittenen letzten Ei garnieren. Warm mit Reis oder frischer Pasta servieren.

Zutaten für 6 Personen:

12 kleine Kalmare (10–12 cm lang)
4 Knoblauchzehen
1 große Zwiebel
1 Handvoll frischer Koriander
Olivenöl zum Andünsten
4 hartgekochte Eier
Zahnstocher
5–6 sehr reife Tomaten
1 Stück Würfelzucker

Als Beilage:
Reis oder
frische Pasta

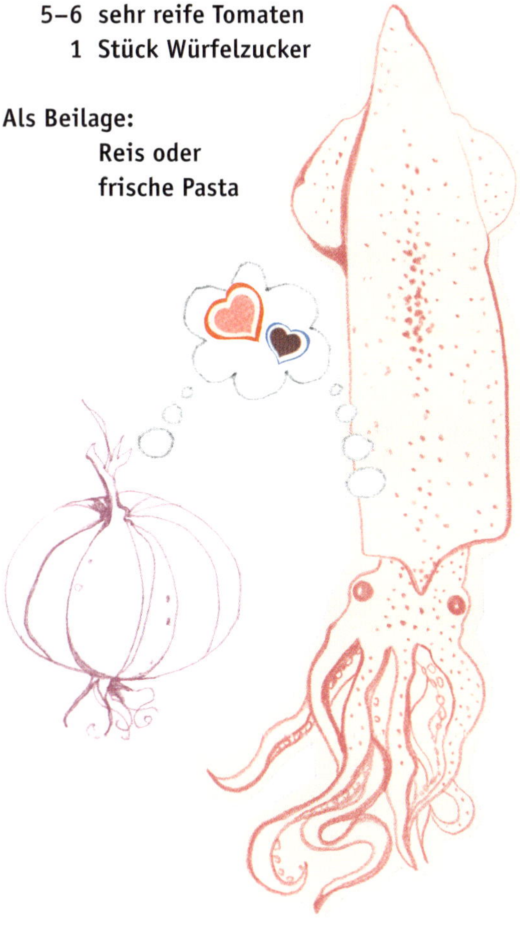

María

María stammt aus Galizien, im Norden Spaniens. Mit sympathischer Selbstsicherheit herrscht sie in ihrer Küche. Dabei kocht sie sozusagen vierhändig, denn ihr Mann ist immer in der Nähe und bereit, Hand anzulegen und ihr zu helfen. Beide sind in demselben Dorf geboren und scheinen einander schon immer gekannt zu haben. María kocht mit ihm und für ihn, auch wenn sie zehn oder mehr Gäste haben.

Am liebsten erfindet sie kleine raffinierte Gerichte, Rezeptbücher sind ihr ein Graus. Was sollte sie auch damit anfangen? Wenn man sieht, wie sie mit den Zutaten jongliert, wenn man ihre genauen und sicheren Bewegungen beobachtet, dann möchte man glauben, dass sie auch mit geschlossenen Augen kochen kann.

Spanien

In ganz Spanien ruft das Wort *Tapas* alle zu Tisch, wo man sich bei einem Glas Wein versammelt. *Tapas* sind Zwischenmahlzeit, Vorspeise oder auch eine vollständige Mahlzeit. Die von María zubereiteten Kraken, Pilze oder Garnelen sind nur einige dieser berühmten *Tapas*; ebenso gern verwöhnt sie ihre Gäste mit Miesmuscheln, Schweineohren, Kalmaren in einer *Sauce à la Plancha* oder *Empanadas* (Teigtaschen mit Fleisch, Zwiebeln und Paprika). Krake ist eine galizische Spezialität. Oft stehen auf den Märkten große Töpfe, in denen zwanzig, dreißig Kilo Krake kochen, die portionsweise an hungrige Feinschmecker verkauft werden.

Die *Paella* ist zwar das spanische Nationalgericht, sie soll aber aus der Gegend um Valencia stammen. Jede spanische Region hat ihr eigenes Rezept.

Spanien ist aber auch das Land des berühmten Serranoschinkens, den man zusammen mit Brot und Wein auf den Tisch stellt, sobald ein unerwarteter Gast vorbeikommt.

Überall auf der Halbinsel gibt es köstliche Wurst- und Fleischwaren. Eines der berühmtesten Gerichte in Galizien ist der *Cocido* aus Kalbsfüßen, Schwein, Kohl, Kartoffeln und Kichererbsen. An Festtagen stehen Fisch und Schalentiere auf dem Speiseplan. Im Sommer finden in den Dörfern an jedem Wochenende große *Fiestas* statt, um die Heilige Jungfrau zu ehren. Dabei werden riesige *Brazos de gitano* gegessen, eine Spezialität, die auch an Marías Tisch an Festtagen ebenso wie im Alltag begeisterte Abnehmer findet.

Gambas al ajillo

Gambas mit Knoblauch

- Knoblauch schälen und kleinschneiden. Die ganze Chilischote und den Knoblauch mit den Gambas oder den Garnelen in ein ofenfestes Gefäß geben und mit Olivenöl begießen. Im vorgeheizten Ofen bei 180–210 °C (Umluft: 160–190 °C) 15 Min. backen.
- Warm servieren.

Zutaten für 4 Personen:

4	große Knoblauchzehen
1	kleine Chilischote*
500 g	Gambas oder kleine gepulte Garnelen
3 EL	Olivenöl

Champiñones al ajillo

Champignons mit Knoblauch

- Champignons putzen, Stielenden abschneiden, die Pilze vierteln. Knoblauch schälen und kleinschneiden. Die ganze Chilischote und den Knoblauch mit den Champignons in ein ofenfestes Gefäß geben und mit Olivenöl begießen. Im vorgeheizten Ofen bei 180–210 °C (Umluft: 160–190 °C) etwa 15 Min. backen.
- Warm servieren.

Zutaten für 4 Personen:

500 g	kleine Champignons
4	große Knoblauchzehen
1	kleine Chilischote*
3 EL	Olivenöl

Pulpo a la gallega

Krake auf galizische Art

- Wasser zum Kochen bringen, den Kraken hineingeben (er muss vollständig mit Wasser bedeckt sein) und etwa 10 Min. sprudelnd kochen lassen. Topf abdecken, Hitze reduzieren und weitere 60 Min. kochen lassen.
- Den Kraken herausnehmen und noch warm in große Würfel oder in dünne Scheiben schneiden (je nach Körperteil).
- Auf einem Teller anordnen, mit Chilipulver bestreuen, salzen und mit Olivenöl begießen.
- Warm servieren.

Zutaten für 6–8 Personen:

2 kg frischer oder tiefgefrorener Krake
1 TL Chilipulver*, mild oder scharf, je nach Geschmack
1 TL Salz
6 EL Olivenöl

Napolet
+ Tomaten-
soße
gen die
STOP!
DA geht's lang!!!

Paella

Zutaten für 6 Personen:

Für die Miesmuscheln:
2 kg Miesmuscheln
1 Zwiebel
Olivenöl zum Anschwitzen
1 Glas trockener Weißwein
1 EL grobes Salz
Pfeffer oder Chilipulver*
2 TL Safran

Für das Fleisch:
1 EL Olivenöl
1 EL Erdnussöl
10 große Hähnchenkeulen
Salz
Pfeffer

Für die Langusten:
1 kg Langusten
grobes Salz

Für die Paella:
Olivenöl zum Anbraten
1,5 kg roher Kalmar
1 kg Langkornreis
1 Handvoll grobes Salz
300 g Tomatensauce
500 g frische oder tiefgefrorene Erbsen
20 Scheiben Chorizo
1 EL Safran
700 g ganze Garnelen, vorgekocht

- Die Miesmuscheln: Muscheln waschen. Zwiebel schälen und in kleine Würfel schneiden, in einem Topf bei schwacher Hitze in Olivenöl anschwitzen, gelegentlich umrühren, damit sie garen. Miesmuscheln dazugeben, abdecken und bei starker Hitze 5–8 Min. kochen lassen, bis sie sich öffnen. Miesmuscheln nicht mit einem Löffel umrühren, sondern den Topf ab und zu schütteln. Geöffnete Miesmuscheln mit Weißwein und 500 ml Wasser übergießen. Salzen, pfeffern und mit Safran bestäuben. Topf schütteln. Abdecken, bei starker Hitze aufkochen, dann bei geringer Hitze etwa 5 Min. weiterkochen lassen.
- Das Fleisch: In einem großen Kochtopf Oliven- und Erdnussöl erhitzen, die halbierten Hähnchenkeulen etwa 5 Min. bei starker Hitze anbraten, gelegentlich wenden. Eventuell in mehreren Portionen anbraten. Zwischendurch salzen und pfeffern. Vom Feuer nehmen und abdecken.
- Die Langusten: In einem Topf mit Wasser bedecken, salzen und bei starker Hitze zum Kochen bringen. Wenn das Wasser kocht, Hitze reduzieren und weitere 2–3 Min. kochen lassen. Das Wasser für den Reis aufheben.
- Die Paella: Olivenöl in eine Paellapfanne geben. 2 Min. bei starker Hitze erwärmen, die Hähnchenkeulen mit dem Öl, in dem sie gebraten wurden, hinzugeben. Die in Längsrichtung geteilten und geviertelten Kalmare dazugeben und mit einem Kochlöffel umrühren. Etwa 5 Min. kochen lassen, bis sie ihre Farbe ändern. Reis dazugeben und mit dem Kochwasser der Langusten bedecken. Der Reis muss sehr feucht sein. Wenn nötig, noch mehr Langustenkochwasser oder einfach kochendes Wasser hinzugeben. Salzen, dann Tomatensauce, Erbsen und Chorizo hinzufügen. Umrühren. Mit Safran bestreuen und gut mischen. Etwa 20 Min. bei mittlerer Hitze kochen lassen. Wenn nötig, etwas Wasser hinzugeben. Ab und zu probieren, ob der Reis gar ist. Nach 20 Min. Langusten, Garnelen und abgetropfte Miesmuscheln dazugeben. Mit Alufolie abdecken und weitere 5 Min. bei geringer Hitze köcheln lassen.
- Warm servieren.

Brazo de gitano

Biskuitrolle »Zigeunerarm«

Zutaten für 10 Personen:

Für den Biskuitteig:

10 Eier
180 g Zucker
150 g Mehl
Butter für das Blech

Für die Cremefüllung:

250 g Zucker
100 g Mehl
4 Eier
6 Eigelb
1 l Milch

Zum Garnieren:

1 Eiweiß
(wahlweise auch Schlagsahne)
2 gehäufte EL Zucker

- Der Biskuitteig: Eier in eine Schüssel geben, Zucker hinzufügen. Mit Mixer oder Schneebesen schlagen, bis eine dickflüssige glatte Mischung entsteht. Nach und nach den größten Teil des Mehls dazugeben, mit einem Holzlöffel verrühren und gut mischen.
- Rechteckiges Aluminiumbackblech, etwa 45 x 30 cm, mit Butter bestreichen und mit dem restlichen Mehl bestäuben. Blech rütteln, damit das Mehl die ganze Fläche bedeckt, überschüssiges Mehl wegschütten. Teig auf dem Blech gleichmäßig verteilen. Im vorgeheizten Backofen bei 180–210 °C (Umluft: 160–190 °C) etwa 30 Min. backen.
- Die Cremefüllung: Während der Biskuitteig backt, die Creme zubereiten. Zucker und Mehl in einem Edelstahlgefäß mit dem Schneebesen schlagen, die ganzen Eier und Eigelb unterrühren, weiterschlagen. Milch zum Kochen bringen und ein wenig davon auf die Mischung gießen. Verrühren, bis sich eine einheitliche Masse bildet. Diese Masse zu der restlichen Milch in den Topf geben und unter ständigem Rühren zum Kochen bringen. In ein Gefäß gießen, mit Frischhaltefolie bedecken und bei Raumtemperatur ruhen lassen, bis der Biskuitteig fertig ist.
- Den fertiggebackenen Teig aus dem Backofen holen und sofort vom Backblech auf ein Handtuch stürzen.
- Creme erneut umrühren, dann auf den Biskuitboden gießen, diesen vollständig und gleichmäßig bedecken.
- 2 Min. abkühlen lassen, dann den Biskuitboden mit Hilfe des Tuches einrollen. Tuch wegnehmen und die an den Seiten herausquellende Creme entfernen.
- Zum Garnieren: Eiweiß zu Schaum bzw. Sahne schlagen und zuckern, in eine Tülle geben und ein Motiv auf die Rolle spritzen.
- Vor dem Servieren mindestens für 2 Std. im Kühlschrank ruhen lassen.

Zucker+
Mehl + Eier
Butter
Götter
Frucht
SPANIA

Kajsa

Kajsa stammt aus Göteborg. Sie hat Schweden schon als junges Mädchen verlassen, um andere Kulturen zu entdecken. Dabei vergisst sie ihre Wurzeln keineswegs, sondern bewahrt sie vor allem durch das Nachkochen der Lieblingsgerichte ihrer Kindheit. Kajsa begeistert sich für Mode, Kunst und Design, hat aber auch eine kulinarische Ader und freut sich an kleinen, feinen Speisen. Mit einem sicheren Gespür für Ästhetik überlegt sie genau, wie sie ihre Leckereien stilvoll anbieten kann. Dabei achtet sie auf jene kleinen Details, die uns das Wasser im Mund zusammenlaufen lassen. In Kajsas Küche ist alles schwedisch: die Zutaten, die Gerätschaften, die Kochbücher. Sie liebt Schweden, das sie noch heute in sich trägt.

Schweden

In den 1970er Jahren, als Kajsa Kind war, galt die schwedische Küche als besonders deftig; es gab vor allem Kartoffeln, Rind- und Schweinefleisch. Damals war es durchaus üblich, fünf- bis sechsmal in der Woche Kartoffeln zu essen. Heute hat die Kochkunst sich weiterentwickelt, die Speisen sind abwechslungsreicher und von Einflüssen aus aller Welt geprägt. Crème fraîche ist natürlich bei fast allen Gerichten dabei, Dill und Schnittlauch hat Kajsa immer im Kühlschrank in Reserve. Da in Schweden die Jahreszeiten besonders ausgeprägt sind, passt man sich den Außentemperaturen an: Man serviert Suppen im Winter, Fisch und Meeresfrüchte dagegen im Sommer.

Die Alltagskost hat sich zwar verändert, an den Festtagen bestimmen aber immer noch traditionelle Rezepte den Speiseplan. Am längsten Tag des Jahres, dem Johannisfest, gibt es marinierten Hering mit Kartoffeln und Crème fraîche, dazu trinkt man *Snaps*, den schwedischen Klaren. Mit schwedischen Erdbeeren wird das Mahl beendet. Man tanzt die halbe Nacht, in der es gar nicht richtig dunkel wird, um einen mit grünen Zweigen und Blumen geschmückten Pfahl, die jungen Mädchen tragen goldene Kronen. Zu Weihnachten gibt es in jeder Familie ein großes Buffet: Hering und marinierter Lachs, Frikadellen, Würstchen, »Janssons Versuchung« (Gratin mit Sardellen und Kartoffeln), Rübensalat mit Sahne, Käse … Im Ofen wird ein großer Schinken gebraten, in dessen Saft jeder sein Brot taucht. In Schweden sind die Weihnachtstraditionen noch sehr lebendig.

Krustader

Pikant gefüllte Mini Choux

- Zwiebel fein hacken. Avocado in kleine Würfel schneiden.
- 1 EL Crème fraîche mit dem Seehasenrogen und der Zwiebel vermengen. 8 Mini Choux mit dieser Mischung füllen.
- 1 EL Crème fraîche mit der Avocado und dem Lodderogen verrühren. 8 Mini Choux mit dieser Mischung füllen.
- 1 EL Crème fraîche mit den Garnelen und dem Dill verrühren. 8 Mini Choux mit dieser Mischung füllen.
- Mini Choux als Appetithäppchen gleich servieren.

Zutaten für 4 Personen:

1	kleine rote Zwiebel
1/4	Avocado
3 EL	Crème fraîche
1 EL	Seehasenrogen
24	Mini Choux (Windbeutel)
1 EL	Lodderogen*
8–10	kleine rosa Garnelen, gepult
	einige Stängel Dill, gezupft und fein geschnitten

Skagen toast

Garnelentoast

- Eier ca. 10 Min. kochen. Abkühlen lassen und pellen.
- Crème fraîche, Senf, Sambal Oelek, den fein geschnittenen Schnittlauch und den fein geschnittenen Dill mit Salz gut verrühren.
- Garnelen dritteln, einige zum Garnieren ganz lassen. Die hartgekochten Eier in Scheiben und dann in kleine Würfel schneiden. Garnelen und Eier mit der Crème-fraîche-Sauce verrühren.
- Brot toasten, ein paar Min. abkühlen lassen. Toast mit der Mischung bestreichen, mit den ganzen Garnelen und ein paar Stängeln Dill garnieren.
- Sofort servieren.

Zutaten für 4 Personen:

2	Eier
200 g	Crème fraîche
2 EL	milder, etwas gesüßter Senf
1 TL	Sambal Oelek* (je nach Geschmack)
2 EL	fein geschnittener Schnittlauch
2 EL	fein geschnittener Dill
½ TL	Salz
400 g	kleine Garnelen, gepult
8	Scheiben Toast
	einige Stängel Dill zum Garnieren

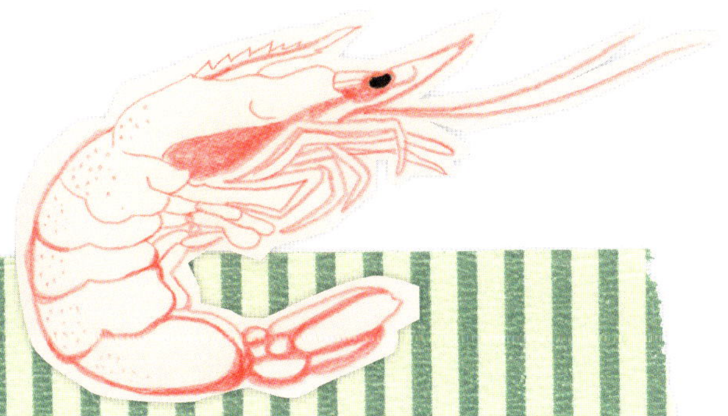

Lax och romsås

Lachs in Kaviarsauce

- Ein Stück Alufolie, das etwas größer ist als der Fisch, mit Salz und Pfeffer und Dill bestreuen. Lachs auf die Folie legen. Die Oberseite salzen, pfeffern, mit Dill bestreuen. Fisch in die Folie einwickeln und gut verschließen, damit der Saft während des Garens nicht herausläuft.
- Im vorgeheizten Ofen bei 150 °C (Umluft: 130 °C) etwa 40 Min. backen. Der Fisch ist gar, wenn sich die Haut leicht anheben und sich das Fleisch leicht von den Gräten lösen lässt.
- Der Seehasenrogen: Schnittlauch und Dill sehr klein schneiden. Mit Crème fraîche und Seehasenrogen verrühren.
- Der Lodderogen: Den Lauch sehr fein schneiden. Mit Crème fraîche und Lodderogen verrühren.
- Vor dem Servieren die Haut und das Fett vom Fisch entfernen, Fisch in vier große Portionen teilen und eine Portion auf jeden Teller geben. 2–3 Salzkartoffeln und 1 EL von jeder Sauce dazugeben.

Zutaten für 4 Personen:

	Salz
	Pfeffer
	einige Stängel Dill
1 kg	Lachs

Für den Seehasenrogen:

1	kleines Bund Schnittlauch
½	Bund Dill
250 g	Crème fraîche
50 g	Seehasenrogen

Für den Lodderogen:

½	Stange Lauch
250 g	Crème fraîche
5 TL	Lodderogen (ca. 30 g)

Als Beilage:

Salzkartoffeln

LECKER!

MAIZENA
SEHR LECKER!!!

Rabarber paj

Rhabarberkuchen

Zutaten für 4 Personen:

Für den Teig:
- 280 g Mehl
- 2 EL Zucker
- 150 g Margarine, zimmerwarm
- Fett für die Form

Für den Belag:
- 700 g Rhabarber
- 100 g Zucker
- 2 TL Zimt
- 50 g Butter

Als Beilage:
- Vanillesauce

- Der Teig: In einer Schüssel Mehl, Zucker und Margarineflocken kneten, bis die Mischung die Konsistenz von grobem Sand annimmt.
- Der Belag: Den Rhabarber in Scheiben schneiden und mit Zucker, Zimt und Butter in einen Topf geben. Etwa 10 Min. bei geringer Hitze garen, ab und zu umrühren.
- Tortenform einfetten. Rhabarber hineingeben, gut verteilen. Eine 1 cm dicke Teigschicht auf die Mischung krümeln.
- Im vorgeheizten Backofen bei 180 °C (Umluft: 160 °C) etwa 20–30 Min. backen.
- Kalt mit Vanillesauce servieren.

Vaniljsås

Vanillesauce

Zutaten für 4 Personen:

- 200 g Sahne
- 1 Vanilleschote
- 50 g Zucker
- 2 Eigelb
- 2 TL Maizena
- ggf. etwas Milch

- Bei geringer Hitze Sahne zusammen mit der aufgeschlitzten Vanilleschote erhitzen. Vor dem Kochen vom Herd nehmen. Abkühlen lassen.
- Zucker, Eigelb und Maizena dazugeben, verrühren. Bei schwacher Hitze 4–5 Min. ständig rühren, bis eine leicht sämige Creme entsteht. Nicht kochen lassen.
- Wenn die Creme zu dickflüssig ist, etwas Milch hinzufügen. Abkühlen lassen.

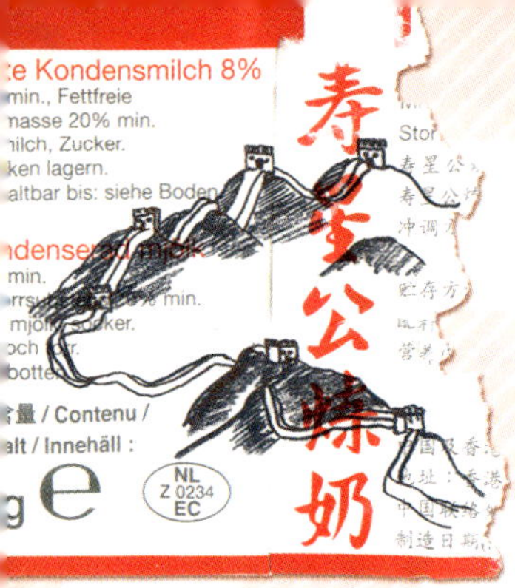
寿星公煉奶
Kondensmilch 8%
min., Fettfreie
masse 20% min.
milch, Zucker.
ken lagern.
altbar bis: siehe Boden
/ Contenu /
/ Innehäll :
NL
Z 0234
EC

鰹・昆布風味
顆粒
8g

Asien

Marie-Laure

Marie-Laure stammt aus Aleppo im nördlichen Syrien; ihr Vater ist Syrer, die Mutter Französin. Weil sie so gern mit vielen Gewürzen kocht, nennt man sie in der Familie auch die »Kräuterfrau«. Für Marie-Laure spielt sich fast das ganze Leben in der Küche ab. Hier trifft man sich, hier spricht man miteinander, hier mischen sich die Kulturen. Marie-Laure kocht, weil sie mit anderen teilen möchte, was sie kennt und liebt. Und sie möchte die Rezepte weitergeben, die sie von ihrer Mutter übernommen hat, die in der Familie ihres Mannes die kulinarischen Besonderheiten der syrischen Küche entdeckt hat. Ihre Kochkünste verdankt sie aber auch ihrer Tante, die in Aleppo zu Hause ist.

Syrien

In Marie-Laures Küche hängen Kräuter und Säckchen mit Körnern oder Pulvern an Decke und Wänden. Jedes Mahl beginnt mit den *Mezze*, einer schier unendlichen Vielfalt an Vorspeisen, für die Syrien und seine Nachbarländer am Mittelmeer berühmt sind. An Festtagen gibt es 15 oder zwanzig verschiedene Vorspeisen, manchmal noch mehr. Oft bilden sie auch eine komplette Mahlzeit. Bei Marie-Laure lernen wir *Humus*, Auberginen-Kaviar und *Taboulé* kennen, aber sie hätte auch Gurke in Joghurt, kalte Auberginen-Ratatouille, kleine Petersilien-Omelettes oder Spinattaschen zubereiten können. Zu den *Mezze* trinkt man Arrak, einen Branntwein aus Reis oder Melasse. Und seit Jahrhunderten isst man sonntags als Hauptgericht *Kebbeh*, einen im Ofen gebackenen Fleischkuchen. Früher, als es noch nicht in allen Häusern Backöfen gab, brachten die Frauen ihren *Kebbeh* zum Bäcker, der ihn am Sonntag in seinem Ofen backte, sobald sein Brot fertig war.

In Marie-Laures Heimat feiert man auch christliche Feste wie Ostern, Weihnachten – oder Santa Barbara. Dieses typisch syrische Fest wird in den christlichen Familien am 4. Dezember begangen. An jedem Feiertag gibt es ein bestimmtes Gericht: zu Ostern gefüllte Weinblätter mit Lammkoteletts, an Santa Barbara isst man zum Dessert *Knafe*, einen Kuchen aus Mürbeteig, über den Zuckersirup gegossen wird, sowie *Sliha*, gekochte Weizenkörner mit Zucker, Aniskörnern, kandierten Mandeln oder anderen Süßigkeiten. Das üppige Festmahl erstreckt sich oft über den ganzen Tag.

Humus

Kichererbsenpüree mit Sesamcreme

Zutaten für 4 Personen:

150 g	Kichererbsen (aus der Dose)
3 EL	Tahine*
1 Msp.	Salz
1 Msp.	Cayennepfeffer
	Saft von 2 großen Zitronen
1 EL	Olivenöl
2	kleine Knoblauchzehen, gepresst
	Paprikapulver zum Garnieren

Als Beilage:

Pitabrot*

- Kichererbsen abspülen, abtropfen lassen und die Häutchen mit den Fingern entfernen. Mit dem Mixer zu feinem Pulver zerkleinern.
- Pulver mit Tahine vermengen, bis eine cremige Masse entsteht.
- Salz, Cayennepfeffer, Zitronensaft, Olivenöl und gepressten Knoblauch hinzufügen. Abschmecken und wenn nötig nachsalzen.
- Die Humus-Masse auf einem kleinen Teller mit der Gabel glattstreichen und verzieren. 1 Spritzer Olivenöl auf die Masse geben und mit etwas Paprikapulver bestreuen.
- Humus wird kalt mit Pitabrot gegessen.

Baba Ghannouj

Auberginenkaviar

Zutaten für 4 Personen:

2 mittelgroße Auberginen
2 Msp. Salz
1 Msp. Cayennepfeffer
2 EL Tahine*
1 große Knoblauchzehe
Saft von 1½ Zitronen
1 Spritzer Olivenöl
Cayennepfeffer oder Paprikapulver zum Garnieren

Als Beilage:
Pitabrot*

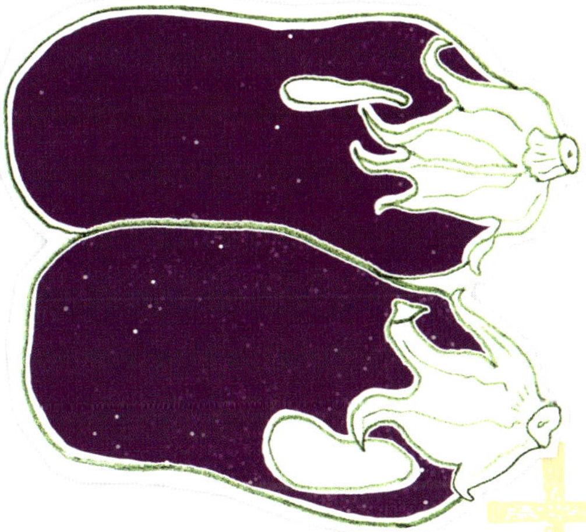

- Auberginen entstielen und mit der Gabel mehrmals einstechen, auf ein Blech legen, anderthalb Gläser Wasser dazugießen und im vorgeheizten Ofen bei 210 °C (Umluft 190 °C) 30–35 Min. backen. Wenn das Wasser während des Garens verdampft ist, etwas warmes Wasser nachgießen. Die Auberginen sind gar, wenn die Gabel ohne Widerstand eindringt. Auberginen aus dem Ofen nehmen und etwas abkühlen lassen. Die dünne Haut abziehen und das Fruchtfleisch in große Stücke schneiden, ohne die Kerne zu entfernen.
- Auberginenstücke im Mixer zerkleinern. Salz, Cayennepfeffer, Tahine, gepressten Knoblauch und Zitronensaft dazugeben. Gut mischen und je nach Geschmack mit Salz oder Zitrone nachwürzen.
- 1 Spritzer Olivenöl darübergeben und mit Cayennepfeffer oder Paprikapulver bestäuben.
- Kalt mit Pitabrot servieren.

+ Pitabrot

Taboulé

Weizensalat

Zutaten für 4 Personen:

80 g	feiner Bulgur*
1	mittelgroße Gurke
3	mittelgroße Tomaten
1	Bund glatte Petersilie
½	Bund frische Pfefferminze
	Saft von 1 Zitrone
	Salz
1 Msp.	Cayennepfeffer
1 EL	Olivenöl

Als Beilage:

Pitabrot*

- Bulgur 30 Min. einweichen. Abtropfen lassen.
- Gurke halbieren und Kerne aus der Mitte entfernen. Gurke und Tomaten (mit Kernen) fein würfeln. Petersilie und Minze grob hacken. In einer Salatschüssel Bulgur, Tomaten- und Gurkenwürfel, Petersilie, Minze, Zitronensaft, Salz, Cayennepfeffer und Olivenöl mischen und nach Geschmack nachwürzen.
- Vor dem Servieren mindestens 30 Min. im Kühlschrank ziehen lassen.
- Kalt mit Pitabrot servieren.

Kebbeh

Fleischkuchen

Zutaten für 6 Personen:

Für die Füllung:

- ½ mittelgroße Zwiebel
- Erdnussöl zum Anbraten
- 300 g Lammgehacktes (aus der Schulter) oder Rindergehacktes
- ½ TL Salz
- 2 EL Vierkräutermischung*
- 3 gehäufte EL Pinienkerne

Für den Teig:

- 250 g feiner Bulgur*
- 1 große Zwiebel
- 1 TL Salz
- 1 TL Cayennepfeffer
- 600 g Lammgehacktes (aus der Schulter) oder Rindergehacktes (nicht zu fett)
- Erdnussöl für das Blech und zum Übergießen

Als Beilage:

- griechischer Joghurt

- Die Füllung: Zwiebel hacken, Öl in einer Pfanne erhitzen, Hackfleisch und Zwiebel bei starker Hitze anbraten. Fleisch mit einem Holzlöffel in der Pfanne verteilen. Salz, Gewürzmischung und Pinienkerne dazugeben. Gut umrühren, Hitze reduzieren und knapp 10 Min. braten, bis die Pinienkerne leicht gebräunt sind.
- Der Teig: Bulgur einweichen, mindestens 30 Min. quellen und dann abtropfen lassen. Zwiebel hacken, mit Bulgur verkneten, bis ein Teig entsteht. Mit Salz und Cayennepfeffer würzen. Die Hälfte des Hackfleischs dazugeben und erneut kneten. Dann die andere Hälfte dazugeben und noch einmal gründlich kneten: Die Mischung muss sehr gleichmäßig sein (wie ein fester Brotteig). Wenn nötig mit maximal 3 EL Wasser anfeuchten.
- Aus dieser Mischung zwölf walnussgroße Kugeln formen und fest zusammendrücken. Fünf Kugeln werden für den Boden des Fleischkuchens gebraucht, die sieben anderen kommen auf die Füllung. Blech mit etwas Öl einfetten. Die ersten fünf Kugeln zu Teigfladen plattdrücken und ein Backblech damit so bedecken, dass keine Zwischenräume bleiben. Für jede Teigkugel die Hände anfeuchten. Die Füllung gleichmäßig darauf verteilen. Die sieben restlichen Kugeln plattdrücken und die Füllung bedecken. Es darf keine Zwischenräume geben. Mit der flachen Hand glätten.
- Kebbeh in vier senkrechte Streifen schneiden, dann viermal im Winkel von 45° zu den Streifen einschneiden, so dass Rauten entstehen. Mit etwas Öl übergießen.
- 5–10 Min. im vorgeheizten Ofen bei 210 °C (Umluft: 190 °C), weitere 20 Min. bei 120 °C (Umluft: 100 °C) backen. Ofen ausstellen, wenn sich der Kebbeh goldgelb zu färben beginnt. Kebbeh etwa 10 Min. im ausgeschalteten Ofen ruhen lassen, mit Alufolie bedecken, damit er nicht austrocknet.
- Aus dem Ofen nehmen und sofort mit leicht cremig gerührtem griechischem Joghurt servieren.

Mamuniye

Grießcreme mit Zimt

- Zucker in einem Topf mit 4 Gläsern Wasser auflösen und zum Kochen bringen.
- In einem anderen Topf den Grieß in Butter bräunen, bis er eine goldgelbe Farbe annimmt, dabei ständig umrühren.
- Wenn das Zuckerwasser kocht, die Grieß-Butter-Mischung dazugeben und den Herd ausstellen. Gut rühren, damit der Grieß das Wasser aufnimmt. Er soll cremig, aber nicht zu fest werden. Zimt und Orangenblütenwasser unterrühren. Mit Pistazien verzieren.
- Kalt oder lauwarm servieren.
- Diese Nachspeise kann mit Fetawürfeln gegessen werden.

Zutaten für 4 Personen:

2	Gläser Zucker (ca. 400 g)
1	Glas Hartweizengrieß (ca. 200 g)
50 g	Butter
2 TL	Zimt
	einige Tropfen Orangenblütenwasser
10	ganze Pistazien zum Garnieren

Als Beilage:
Fetawürfel

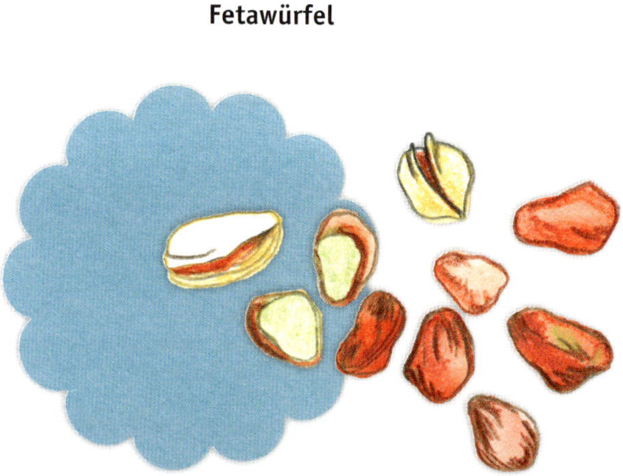

2x
ZUCKER
+
1x
ARTWEIZENGRIESS
+
50g
BUTTER
+
2
TL ZIMT
+
ORANGENBLÜTENWASSER
=

Kariné

Die Iranerin armenischer Herkunft wuchs in Teheran auf, musste aber nach ihrer Hochzeit das Land verlassen. Sie ist auf diese Weise zweifach entwurzelt, hält aber ihre Kultur stets in sich lebendig. Etwa durch ihre weich klingende armenische Muttersprache, deren Melodie sie immer begleitet hat und die sie an ihre Kinder weitergibt. Und durch Rezepte, die von Armenien erzählen und Erinnerungen wecken. Das Kochen war für sie eine Art »persönliche Eroberung«, denn ihre Mutter war eine Intellektuelle und wollte nicht, dass ihre Tochter am Herd »ihre Zeit verschwendet«. »Lies doch ein Buch«, sagte sie immer. Kariné sah aber lieber ihrer Tante und ihrer Großmutter beim Kochen zu. Das wollte sie eines Tages auch können.

Armenien

Karinés Menü ist typisch für die Armenier im Iran. Auch wenn man einige Gerichte – vor allem die *Dolmas* – ebenso bei den Armeniern in der Türkei, im Libanon, in Syrien oder in Armenien selbst findet, gibt es doch in jedem Land ganz besondere Spezialitäten.

Dolmas sind die armenische Speise, die bei keinem Fest fehlen darf. Besonders schwierig ist es, die Weinblätter so fein zu rollen, dass man sie mit einem Bissen in den Mund stecken kann. Der Geflügelsalat als erster Gang kann auch als Vorspeise mit Blinis gegessen werden. Wir hätten die Mahlzeit auch mit *Sujuk* (Lammsalami) oder *Basterma* (luftgetrockneter Rinderschinken) eröffnen können, denn für Wurstwaren sind die Armenier berühmt. Vor der islamischen Revolution waren im Iran fast alle Fleisch- und Wurstwarenläden in ihren Händen. Wenn man dort von »Wurstmachern« spricht, weiß deshalb jeder, wer gemeint ist. Aber auch die armenischen Konditoren sind sehr beliebt: Ihr Blätterteiggebäck »Napoleon« ist ebenso berühmt wie die *Nazukner*, kleine Kuchen, die Kariné an Festtagen backt.

Fünfzig *Dolmas*, eine riesige Schüssel mit Salat, dreißig *Nazukner* – Kariné kann nur große Portionen zubereiten. Diese Mengen sind typisch für große Feste, wo das Mahl kein Ende findet. Zum Abschluss gibt es den orientalischen Mokka. Das mit Kardamom gewürzte Getränk hat die Besonderheit, etwas Kaffeesatz in der Tasse zurückzulassen. Es findet sich immer jemand, der nach einem guten Festmahl die Zukunft daraus liest.

Salat Olivier

Geflügelsalat mit Kartoffeln

Zutaten für 8 Personen:

2	große Zwiebeln
1 kg	Hähnchenschnitzel
	Salz
1 kg	Kartoffeln
400 g	Gewürzgurken
400 g	Mayonnaise
2 EL	Olivenöl
1	rote Paprika zum Garnieren

- Zwiebeln würfeln und mit den Hähnchenschnitzeln in einen Topf mit kaltem Salzwasser geben. Wasser zum Kochen bringen, dann etwa 20 Min. bei mittlerer Hitze kochen lassen. Abgießen.
- Kartoffeln schälen, in kleine Würfel schneiden und etwa 15 Min. in Salzwasser kochen. Abgießen.
- Hähnchenschnitzel und Kartoffeln 30 Min. im Kühlschrank abkühlen lassen.
- Kartoffelwürfel mit den in feine Streifen geschnittenen Hähnchenschnitzeln und in Scheiben geschnittenen Gewürzgurken mischen. Mayonnaise und Öl dazugeben.
- Paprikaschote in Streifen schneiden und etwa 5 Min. kochen. Den Salat in Form einer Kuppel auf einer Platte oder portionsweise auf Tellern anrichten und mit Paprikastreifen garnieren.
- Gekühlt servieren.

Dolmas

Gefüllte Weinblätter

Zutaten für 8 Personen:

200 g	Basmati-Reis
1	Bund weiße Zwiebeln
1	Bund Petersilie
1	Bund Dill
1	Bund Minze
1	Bund Estragon
1	Bund Schnittlauch
1	Bund Koriander
1 kg	Rindergehacktes
1 TL	Salz
1 Msp.	Pfeffer
1	Glas Weinblätter (ca. 600 g)
100 ml	Zitronensaft

- Reis waschen und 30 Min. einweichen lassen, um die Stärke auszuwaschen. Zwiebeln schälen und Kräuter entstielen, dann sehr klein hacken und in einer Salatschüssel auf das Hackfleisch streuen. Ungekochten Reis dazugeben und alles mit der Hand gründlich vermengen. Salzen und pfeffern.
- Weinblätter abtropfen lassen und flach auf einen Teller legen. Stiele entfernen, in die Mitte jedes Blattes ein wenig von der Reis-Fleisch-Mischung geben. Jedes Weinblatt in Längsrichtung so um die Füllung rollen, dass ein kleiner Zylinder entsteht. Wenn das Blatt zu Dreivierteln eingerollt ist, Ränder nach innen umschlagen und zu Ende einrollen.
- Weinblätter in einem Kochtopf mit 200 ml Wasser und Zitronensaft bedecken und abgedeckt etwa 5 Min. bei großer Hitze, dann 1½ Std. bei mittlerer Hitze kochen lassen, ohne die Weinblätter zu wenden. Sie sind gar, wenn sie sich dunkel färben und etwas aufquellen.
- Warm servieren.

Köfte

Hackbällchen

- Das in Scheiben geschnittene Baguette 15 Min. in Milch einweichen, ausdrücken und mit dem Fleisch mischen. Koriander hacken, Zwiebel fein würfeln, beides in einer Schüssel mit Fleisch, Gewürzmischung und den Eiern gut durchkneten. Salzen und pfeffern.
- Paniermehl auf einem Teller verteilen. Eine Handvoll Fleischmischung in der Hand zu einem Bällchen formen, bis dieses gleichmäßig und fest ist. Das Bällchen im Paniermehl rollen, bis es vollständig bedeckt ist.
- Wenn alle Hackbällchen vorbereitet sind, Öl in einer Pfanne erhitzen. Die Bällchen etwa 10 Min. bei mittlerer Hitze braten und ab und zu wenden, bis sie von allen Seiten gebräunt sind.
- Köfte können als Hauptgericht warm mit Pilaw-Reis oder kalt als Vorspeise serviert werden.

Zutaten für 6 Personen:

1/4	Baguette vom Vortag
200 ml	Milch
500 g	Rindergehacktes
1	Bund Koriander
1	große Zwiebel
1/2 TL	Vierkräutermischung*
2	Eier
	Salz
	Pfeffer
300 g	Paniermehl
	Sonnenblumenöl

Als Beilage:

Pilaw-Reis

Brinz

Pilaw-Reis

- Reis mehrmals waschen und 30 Min. einweichen lassen. In 2 l kochendem Salzwasser etwa 10 Min. kochen lassen, dann das Wasser abgießen.
- In einer Pfanne 100 ml Wasser und etwas Öl erhitzen, Reis hineingeben, abdecken. 5–10 Min. bei starker Hitze braten, dann 30–40 Min. bei geringer Hitze garen lassen.
- Warm servieren.

Zutaten für 6 Personen:

500 g	Basmati-Reis
	Salz
	Sonnenblumenöl zum Braten

Nazukner

Hefegebäck

Zutaten für 6–8 Personen:

Für den Teig:
- 1½ TL Bierhefe
- 2 TL Natron
- 2 Becher Joghurt
- 4 EL Crème fraîche
- 2 TL Backpulver
- 2 TL Vanillezucker
- 250 g weiche Butter
- 2 EL Weinessig
- 600 g Mehl
- 2 Eiweiß
- Salz
- 6 Eigelb
- 2 EL Milch
- Fett für die Alufolie

Für die Füllung:
- 125 g weiche Butter
- 250 g Zucker
- 250 g Mehl

- Der Teig: Bierhefe in 100 ml lauwarmem Wasser, Natron in einem Becher Joghurt auflösen. Joghurt, Crème fraîche, Bierhefe, Backpulver und Vanillezucker in einer Schüssel verrühren, Butter dazugeben und mit den Händen kneten. Essig dazugießen, gut mischen, zuletzt Mehl hinzufügen. Mehrere Min. kneten, bis der Teig nicht mehr an den Fingern klebt. Teig in drei große Kugeln teilen und 6 Std. im Kühlschrank ruhen lassen. Vor dem Ausrollen 1 Std. bei Raumtemperatur stehen lassen.
- Die Füllung: Butter in Stücke schneiden und in einer großen Schüssel mit dem Zucker verkneten. Nach und nach das Mehl unter weiterem Kneten hinzufügen. Die Füllung muss die Konsistenz von grobem Sand annehmen.
- Eiweiß salzen und zu Schnee schlagen. Eigelb mit der Milch mischen und schlagen. Arbeitsfläche mit Mehl bestreuen. Eine Teigkugel mehlen, durchkneten und mit der Teigrolle ausrollen. Rolle und Teig häufig mit Mehl bestäuben. Der Teig muss sehr dünn (ca. 1 mm) und gleichmäßig ausgerollt werden. Etwas Eischaum auf den Teig geben und mit dem Pinsel verteilen. Ränder des Teigs so abschneiden, dass ein Rechteck entsteht, Reste beiseitelegen. Rechteck in Längsrichtung halbieren, eine Hälfte beiseitelegen.
- Auf der anderen Hälfte eine Schicht der Füllung von ca. ½ cm Dicke gleichmäßig verteilen. An allen vier Seiten des Rechtecks einen Rand von 2 cm nach innen falten. Dann die lange Seite ein Drittel über das mittlere Drittel falten, die andere Seite ebenfalls in die Mitte falten. Jetzt ist der Kuchen geschlossen und bildet ein langes Band von ca. 8 cm Breite. Teigband mit der Eigelb-Milch-Mischung bepinseln, dann über die gesamte Länge in Abständen von ½ cm mit der Gabel einstechen. Etwa 7 cm lange Portionen schneiden. Enden der einzelnen Gebäckstücke mit der Hälfte der Teigreste verschließen.
- Blech mit Alufolie belegen, Alufolie einfetten. Gebäckstücke darauf in den vorgeheizten Backofen bei 210 °C (Umluft: 190 °C) schieben. Nach etwa 15 Min., wenn der Boden der Gebäckstücke gebacken ist, Backofen auf Grill einstellen und weitere 5 Min. backen. Kuchen aus dem Ofen nehmen.
- Während diese erste Portion backt, ebenso mit dem zweiten Rechteck verfahren, dann auch mit den anderen beiden Teigkugeln. Nacheinander backen.
- Das Gebäck kann in einer Plastikdose oder im Kühlschrank eine Woche aufbewahrt werden.

Surdj

Armenischer Mokka

- In einen schmalen, hohen Topf eine Kaffeetasse Wasser, Zucker und Kaffee geben. Bei mittlerer Hitze erwärmen, am Anfang etwas umrühren. Kaffee im Gefäß aufkochen lassen, kurz vom Herd nehmen. Noch einmal aufkochen lassen. In die Tasse gießen.
- Achtung: Kaffeesatz auf dem Tassenboden nicht mittrinken.

Zutaten für 1 Tasse Kaffee:

1	Stück Würfelzucker
1 TL	frisch und fein gemahlener Kaffee

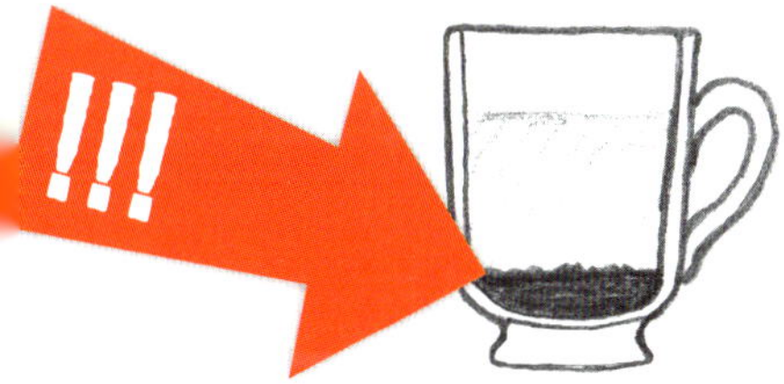

Dileeni

Dileeni ist in Sri Lankas Hauptstadt Colombo geboren. Ihr Land wird von Singhalesen, der ursprünglichen Bevölkerung der Insel, und den aus Südindien stammenden Tamilen bewohnt. Dileeni ist Singhalesin, was sich auch an ihren Kochkünsten erkennen lässt. Als Botschafterin der heimischen Düfte handelt sie mit Ceylontee, dessen Qualität ihr besonders am Herzen liegt. Uns möchte sie vor allem die Spezialitäten Sri Lankas entdecken lassen, da man nur allzu häufig behauptet, es gebe keinen Unterschied zur indischen Küche. In wohlgesetzten Worten und mit zarten, sehr genauen Bewegungen präsentiert uns Dileeni ihre Gerichte. Von der Vorbereitung einer Mahlzeit bis zum Verzehr mit den Fingern hat das Ganze den Reiz eines Rituals.

Sri Lanka

In kleinen Gefäßen stellt Dileeni vor dem Kochen die verschiedenen Gewürze und Kräuter bereit, die die Grundlage jeder singhalesischen Speise bilden: Curry, Koriander, Kurkuma, Kardamom, Ingwer, Zimt, Kumin, rote Chilis, Senfkörner. Auf Dileenis Speiseplan stehen typische, meist preiswerte Gerichte, nur das Garnelencurry macht als Festtagsgericht eine Ausnahme.

Zuerst wird die Kokosmilch zubereitet, die bei keinem singhalesischen Essen fehlen darf. In Sri Lanka sagt man: Wer eine Kokospalme im Garten hat, kann nicht wirklich arm sein, denn die Frucht ernährt ihn, aus der Rinde flicht er sich eine Matte, aus den Schuppen macht er Schmuck und aus dem Stamm Seemannstaue.

Ebenso ausgeprägt wie die politischen Gegensätze sind die Unterschiede in den Rezepten von Singhalesen und Tamilen. Die tamilische Küche ähnelt tatsächlich der südindischen, man verwendet zum Beispiel wenig Kokosmilch, aber sehr gerne Tamarinde, eine sehr saure Frucht, mit der viele Speisen gewürzt werden. Die meisten Tamilen sind Vegetarier. Für die Singhalesen ist es wichtig, bei jeder Mahlzeit Rohkost zu essen, und wenn nichts anderes da ist, gibt es wenigstens Tomaten und Schalotten. Fast immer sind *Dhal* aus roten Linsen und Reis mit von der Partie.

Dileenis Tisch ist reich geschmückt. Es ist üblich, alle Gerichte gleichzeitig zu servieren und ohne vorgeschriebene Reihenfolge zu essen. Mit all den Farben und Düften fühlen wir uns wie bei einem Festmahl. In Sri Lanka scheint das der Alltag zu sein.

Pol kiri

Kokosmilch

- Kokosmilch* ist die Grundlage vieler Gerichte. Man verwendet leichte und dicke Kokosmilch. In der singhalesischen Küche werden Gemüse und Fleisch meistens in leichter Kokosmilch gekocht und am Ende der Kochzeit gibt man dicke Kokosmilch dazu.
- Für 500 ml leichte Kokosmilch: 100 g Kokosnussmilchpulver oder 100 g Kokosnusscreme mit 400 ml warmem Wasser mischen. Gut verrühren, um Klümpchen aufzulösen.
- Für 300 ml dicke Kokosmilch: 100 g Kokosnussmilchpulver oder 100 g Kokosnusscreme mit 200 ml warmem Wasser mischen. Gut verrühren, um Klümpchen aufzulösen.
- Kenner behaupten, die so zubereitete Kokosmilch sei besser als richtige Kokosmilch. Wenn man weder Milchpulver noch Kokosnusscreme hat, kann man natürlich auch fertige Kokosmilch verwenden.

Patola

Gemüsecurry

Zutaten für 4–6 Personen:

2	Schlangenhaargurken* (à 150 g)
375 ml	leichte Kokosmilch* (siehe links)
1/3 TL	gemahlene Kurkuma*
1 TL	gemahlener Kumin*
1/2 TL	gelbes Currypulver
1	große Zimtstange
4–5	Curryblätter
2	Stängel Zitronengras
2–3 TL	Trockenfischbrösel (Maldive fish chips*)
125 ml	dicke Kokosmilch* (siehe links)
1 TL	Salz
1/2 TL	Pfeffer

- Patolas (Schlangenhaargurken) unter fließendem Wasser waschen, halbieren, längs einschneiden, aufklappen und die Kerne im Innern mit einem Löffel entfernen. Die äußere Hautschicht mit einem Messer abkratzen. Erneut waschen und in 5 mm breite Scheiben schneiden.
- Leichte Kokosmilch und Gurkenscheiben in einen Topf geben. Kurkuma, Kumin, Currypulver, die gedrittelte Zimtstange, Curryblätter, kleingeschnittenes Zitronengras und Trockenfischbrösel dazugeben. Bei starker Hitze 5–10 Min. unter ständigem Rühren kochen, dann Hitze reduzieren. Ohne Deckel unter gelegentlichem Umrühren weitere 15–20 Min. dünsten, bis die Schlangenhaargurken bissfest sind.
- Dicke Kokosmilch dazugeben, mit Salz und Pfeffer abschmecken. Aufkochen lassen, Hitze reduzieren und weitere 30 Min. kochen.
- Die Patolas sind gar, wenn sie weich sind. Bei Bedarf nachwürzen.
- Sofort servieren.

Gotukola sambol

Petersiliensalat

- Petersilie waschen, Stiele entfernen, Blätter fein hacken. Schalotten so fein wie möglich schneiden. Tomate sehr fein würfeln. Schalotten, Tomate und Petersilie verrühren.
- Limettensaft und Trockenfischbrösel dazugeben.
- In einer Schale Kokosraspeln mit etwas Wasser anfeuchten, zusammen mit dem roten Chili zum Salat geben, salzen.
- Alles mit der Hand vermengen und abschmecken.

Zutaten für 4 Personen:

1	großes Bund Petersilie
2	Schalotten
1	mittelgroße Tomate
	Saft von 1 Limette
2–3 TL	Trockenfischbrösel (Maldive fish chips*)
3 EL	Kokosraspeln
1 Msp.	roter Chili*
	Salz

Jedes singhalesische Gericht enthält eine fein abgestimmte Mischung aus Gewürzen und Kräutern in vielfältigen Geschmacksrichtungen und Farben.

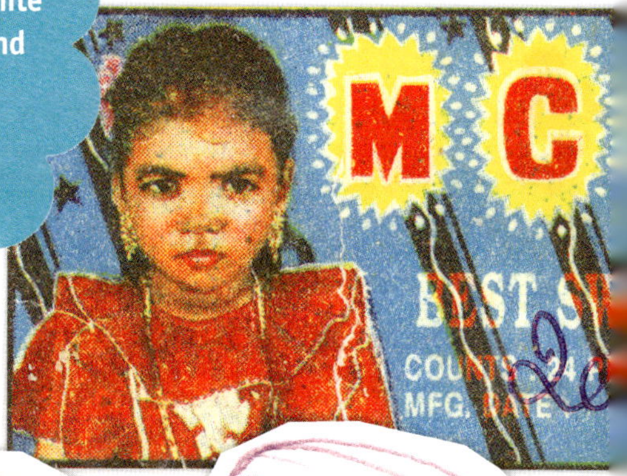

Dhal

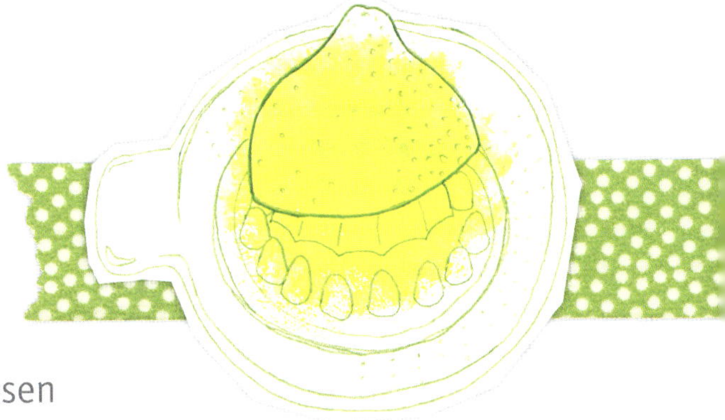

Rote Linsen

- Linsen drei-, viermal mit reichlich Wasser spülen, um die Stärke zu entfernen. Linsen, drei Viertel der in Stücke geschnittenen Tomate, 2 grob gewürfelte Schalotten, die geschälten Knoblauchzehen, die halbierte Ingwerscheibe, Kumin, Kurkuma, gespaltene Kardamomkörner, Zitronengras, fünf Curryblätter, Zimtstange und die Trockenfischbrösel miteinander vermengen. Die dicke Kokosmilch darübergießen, bis die Mischung bedeckt ist. Auf keinen Fall salzen: Das Salz würde das Garen der Linsen verhindern.
- Bei starker Hitze aufkochen lassen. Zugedeckt bei geringer Hitze etwa 5 Min. weiterkochen, ab und zu umrühren. Die Linsen verändern allmählich ihre Farbe.
- Olivenöl erhitzen. Die letzte, in dünne Scheiben geschnittene Schalotte, die restlichen Curryblätter, die Senfkörner und das letzte Viertel der fein geschnittenen Tomate darin anbraten.
- Nach etwa 5 Min. die gekochten Linsen daruntermischen, salzen. Bei geringer Hitze weitere 3 Min. kochen lassen. Knoblauch, Curryblätter, Zitronengras, Schalottenwürfel und Zimtstange herausnehmen. Mit Zitronensaft beträufeln.
- Sofort servieren.

Zutaten für 4 Personen:

200 g	rote Linsen
1	mittelgroße Tomate
3	Schalotten
2	Knoblauchzehen
1	Scheibe Ingwer
1 TL	Kuminkörner*
½ TL	Kurkuma*
10	Kardamomkörner
2	Blätter Zitronengras
12	Curryblätter
½	Zimtstange
1 Msp.	Trockenfischbrösel (Maldive fish chips*)
200 ml	dicke Kokosmilch* (siehe Seite 68), mit 500 ml Wasser verdünnt
1 EL	Olivenöl
1 TL	Senfkörner
1 TL	Salz
	Saft von 1 Zitrone

HAPPY
50 Ps.
SAFETY MATC
Wer bist DU denn?
SUPER DELUXE

Isso Curry

Garnelencurry

- Olivenöl in einem Topf erhitzen, fein geschnittenen Knoblauch, grob geschnittene Schalotten, Senfkörner, Curryblätter und Zitronengras dazugeben, umrühren, Hitze reduzieren, damit Knoblauch und Schalotten nicht anbrennen. Kardamomkörner mit dem Fingernagel spalten und in den Topf geben. Gut umrühren und 10 Min. kochen lassen.
- Inzwischen Garnelen unter dem Kopf öffnen, ohne diesen abzutrennen, denn er gibt Geschmack, und die Garnelen ausnehmen. »Barthaare« entfernen und die Garnelen mit viel Wasser spülen.
- Garnelen mit den Murungablättern in den Topf geben und vorsichtig umrühren, um die Garnelen nicht zu zerreißen. Hitze reduzieren, kleingeschnittene Korianderblätter und -stiele über die Garnelen streuen, ohne umzurühren. Die in große Stücke geschnittene Tomate hinzufügen, immer noch nicht umrühren. Ganze Ingwerscheiben in den Topf geben, nach 5 Min. umrühren und heißer stellen. Wenn sich die Garnelen rosa färben, leichte Kokosmilch, Curry- und Chilipulver hinzufügen, salzen, gut umrühren. Dicke Kokosmilch dazugeben, verrühren und aufkochen lassen. Hitze reduzieren. 5 Min. kochen lassen.
- Mit den Scheiben einer Limette garnieren und warm servieren.

Zutaten für 4 Personen:

1	Spritzer Olivenöl
4–5	Knoblauchzehen
4–5	Schalotten
3 TL	Senfkörner
7–8	Curryblätter
2	Stängel Zitronengras
8–10	Kardamomkörner
1 kg	große Garnelen (oder Gambas)
1	Handvoll Murungablätter*
½	Bund Koriander
1	große Tomate
2–3	geschälte Ingwerscheiben
250 ml	leichte Kokosmilch* (siehe Seite 68)
1 TL	Currypulver
1 Msp.	rotes Chilipulver*
1 EL	Salz
250 ml	dicke Kokosmilch* (siehe Seite 68)
1	Limette, in Scheiben geschnitten, zum Garnieren

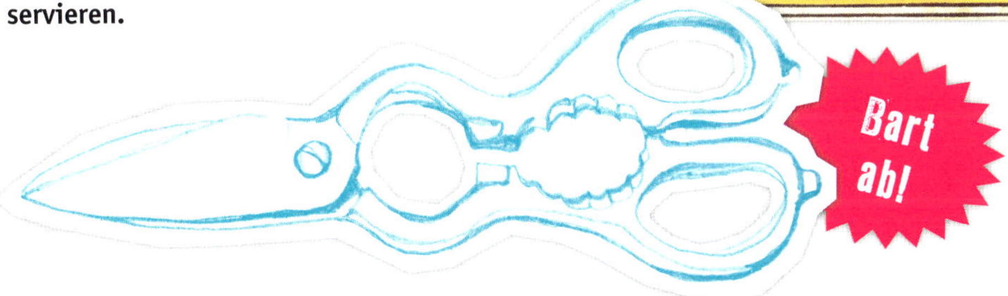

Lihong

Lihong ist in Shanghai geboren. Als Studentin und später ist sie viel in der Welt herumgekommen, lebte in Berlin, Taiwan, Hongkong und Paris. Zu ihrem Gepäck gehörten stets die Kochkünste ihrer Heimat, die sie als Kind von ihren Eltern gelernt hatte. Bis heute sind all diese Küchengeheimnisse in ihrem Gedächtnis eingeprägt. Lihong greift sehr häufig auf die Rezepte ihrer Heimat zurück, wenn sie allein in ihrer Küche steht. Manchmal kocht sie mit großer Konzentration, weil die Zubereitung eines Gerichts besonderes Können verlangt, dann wieder geht ihr das Kochen mit entspannter Leichtigkeit von der Hand. Immer ist sie voller Freude dabei, denn sie genießt es, aus ihren Quellen schöpfen zu können.

China

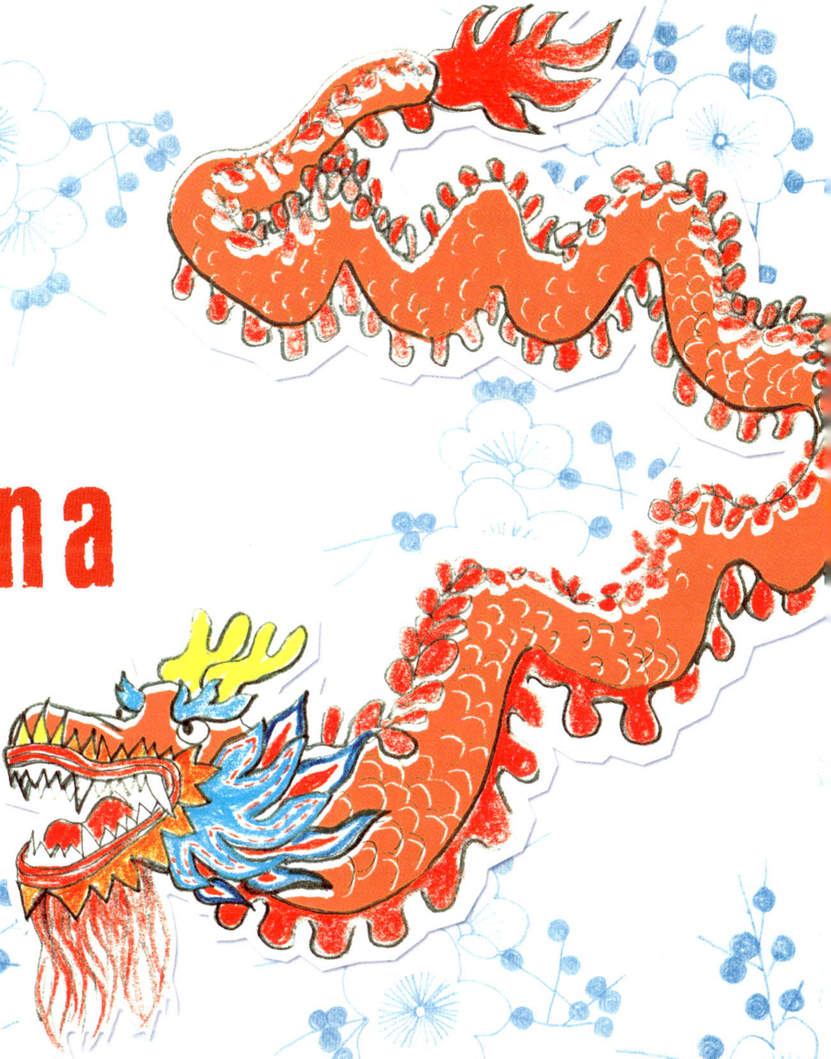

Die Gerichte für ihr Menü hat Lihong wegen ihres köstlichen Geschmacks, aber auch wegen der einfachen Zubereitung ausgewählt. Die feine chinesische Küche setzt exakte Handgriffe voraus, außerdem gehören die richtige Temperatur und ein Gefühl für die angemessene Dosierung dazu, das mit der Erfahrung wächst. In China müssen bei einer Familienmahlzeit alle Speisen gleichzeitig auf den Tisch kommen und jeder bedient sich, ohne festgelegte Reihenfolge. Man plant etwa ein Gericht pro Gast, also nicht weniger als zehn verschiedene Speisen für zehn Personen.

Lihongs Rezepte sind zu einem Teil Spezialitäten aus ihrer Geburtsstadt Shanghai, so zum Beispiel das Suppenhuhn und die Eitaschen, die man traditionell an Festtagen zubereitet, vor allem zum chinesischen Neujahrsfest, das zwischen den 21. Januar und den 19. Februar fällt. Es ist das wichtigste Ereignis im chinesischen Jahr.

Der Knoblauch gehört ebenso zur chinesischen Küche wie Cive, eine Art Zwiebel, und Ingwer. Zwar gleicht sich in einigen asiatischen Ländern die Zubereitung bestimmter Gerichte, trotzdem hat jede Küche ihre Eigenheiten: Die Thailänder kochen meist schärfer, als es in China üblich ist, während man in Malaysia und Indonesien viel mit Curry würzt, den man in China wiederum kaum verwendet.

»Qing man yong«, sagt Lihong, als wir uns zu Tisch setzen. Das heißt: »Genießt bitte langsam.« So wünscht man sich in China guten Appetit.

Suan Zhi Zheng Qie

Auberginen in Knoblauchsauce

- **Auberginen halbieren, etwa 15 Min. dämpfen, dann häuten und in feine Scheiben schneiden.**
- **Knoblauch pressen und mit Sojasauce, Sesamöl und Zucker vermengen.**
- **Sauce über die Auberginen gießen und gut mischen.**
- **Kalt servieren.**

Zutaten für 4 Personen:

3 Auberginen
3 Knoblauchzehen
1 EL Sojasauce*
3 Spritzer Sesamöl
1 TL Zucker

Zheng Ji

Gefülltes Suppenhuhn

- Gesalzenes Hackfleisch mit Ingwer mischen. Huhn mit dieser Mischung füllen.
- Gefülltes Huhn in einen großen Keramiktopf legen, kochendes Wasser dazugießen, bis das Huhn bedeckt ist. Diesen Topf in einen Wassertopf stellen und bei mittlerer Hitze im Wasserdampf etwa 2 Std. garen.
- Inzwischen die getrockneten Baumohren 1 Std. in lauwarmem Wasser quellen lassen und sorgfältig waschen.
- 20 Min. vor Ende der Kochzeit des Huhns die Baumohren in den Keramiktopf geben und mitkochen.
- Sofort servieren.

Zutaten für 4 Personen:

300 g	Schweinegehacktes
	Salz
1	walnussgroßes Stück Ingwer, fein geschnitten
1	ganzes Huhn ohne Innereien (ca. 1 kg)
1	Handvoll getrocknete Baumohren*

Dan Jiao

Eitaschen

- Hackfleisch mit 1 EL Sojasauce, Ingwer, 1 EL Wasser und etwas Salz mischen.
- Eier schlagen.
- 1 Spritzer Öl in eine Kelle geben, Kelle über kleinem Feuer erhitzen, leicht bewegen, um das Öl zu verteilen. 1 EL geschlagenes Ei hineingeben. Kelle weiter über dem Feuer bewegen, bis ein kleines, dünnes Omelette entsteht.
- 1 TL Füllung dazugeben, Omelette so falten, dass es einen Halbmond bildet. Auf diese Weise zehn Taschen formen.
- Eitaschen in einen Wok legen, 1 EL Wasser und 1 EL Sojasauce dazugeben, ca. 10 Min. bei schwacher Hitze garen.
- Warm servieren.

Zutaten für 4 Personen:

200 g	Schweinegehacktes
2 EL	Sojasauce*
1	walnussgroßes Stück Ingwer, fein geschnitten
	Salz
3	Eier
	Sonnenblumenöl zum Braten

Gou Qi He Lan Dou

Gebratene Zuckerschoten mit Bocksdorn

- Getrocknete Bocksdornkörner *(Lycium barbarum)* 15 Min. in lauwarmem Wasser einweichen und quellen lassen.
- Zuckerschoten quer halbieren.
- Öl im Wok erwärmen. Bocksdornkörner und Zuckerschoten hineingeben und bei starker Hitze je nach gewünschter Festigkeit 3–5 Min. garen. Am Ende salzen.
- Lauwarm oder warm mit Naturreis servieren.

Zutaten für 4 Personen:

ca. 20	Bocksdornkörner*
200 g	Zuckerschoten
1 EL	Erdnussöl
	Salz

Als Beilage:

Naturreis

Yuko

Yuko stammt aus Kanagawa südlich der japanischen Hauptstadt Tokio. Sie hat zwei Leidenschaften, denen sie mit dem gleichen Hang zum Perfektionismus und voller Konzentration nachgeht: die Herstellung von kleinen Teddybären und das Kochen. Jede ihrer Handbewegungen wurzelt in einer langen Familientradition und beeindruckt durch ihre Präzision. Wenn sie zum Beispiel den Reis mit einem Fächer kühlt, schauen wir fasziniert zu und bewundern ihre Anmut. Und kaum zu übertreffen ist ihr Geschick bei der Herstellung des köstlichen Sushis. Yukos Gestenreichtum scheint unerschöpflich zu sein – genau wie ihre Geduld. Und wir können nur bestätigen: In Japan ist das Kochen tatsächlich eine hohe Kunst!

Japan

Wenn man Yuko auf ihrer kulinarischen Reise der subtilen Düfte und Geschmacksnoten folgt, dann ist jedes Gewürz, jede Zutat, jede Sauce eine Offenbarung. Sushi sind das traditionelle Gericht, das man in Japan bei jeder Gelegenheit genießt, ob bei einem Fest, bei einem Treffen mit Freunden oder auch bei einem Picknick. Es gibt unzählige Arten von Sushi. Yuko zeigt uns drei Variationen: Sushi mit Garnelen, Surimi und Lachsrogen. Ihr bei der Zubereitung zuzusehen ist ein wahres Vergnügen. Sie »schnitzt« die Sushi sorgfältig zurecht und komponiert jedes einzelne wie ein Gemälde, wobei die Harmonie der Formen und Farben ebenso wichtig ist wie der Geschmack.

Yuko erklärt uns, dass sich Japaner selten gegenseitig zum Essen einladen, weil die japanischen Gerichte unmittelbar vor dem Verzehr zubereitet werden, so dass die Hausfrau während der Mahlzeit in der Küche stehen müsste. Im Alltag wird das Leben durch einen kleinen Gaskocher erleichtert, den man auf den Tisch stellt, um die Zutaten im letzten Moment zu garen. Tofu mit *Wakame*, Tomatensalat mit Tofu, Sushi: Langsam füllt sich der Tisch mit allen Speisen und jeder bedient sich nach Belieben. So isst man in Japan.

Yuko serviert den Tofu mit *Wakame* in wunderschönen, blattförmigen Schalen. Jedes Blatt symbolisiert eine andere Jahreszeit. Die Tradition verlangt, dass man im Herbst von einem gelben Ginkgoblatt isst, in der Regenzeit im Juni und Juli von einem Hortensienblatt … Ein raffiniertes Detail, das sich harmonisch in Yukos Kochkunst fügt.

Tofu

Zutaten für 400 g Tofu:

	Thermometer
1 l	Sojamilch*
10 ml	Gerinnungsmittel für Tofu* (Nigari*)

- Sojamilch in einem Topf bei 70–80 °C unter ständigem Rühren erwärmen. In einem anderen Topf 40 ml Wasser auf 70–80 °C erwärmen. Gerinnungsmittel im Wasser auflösen und langsam auf die Sojamilch gießen. Vorsichtig verrühren. Abdecken und 10 Min. bei gleichbleibender Temperatur ruhen lassen.
- Ein Sieb mit einem trockenen Tuch bedecken und die leicht geronnene Milch hineingießen. Tuch über dem Tofu zusammenschlagen, einen kleinen Teller umgedreht darauflegen und mit einem Gewicht von ca. 700 g beschweren. Tofu 30 Min. abtropfen lassen.
- In einer mit frischem Wasser gefüllten und mit Frischhaltefolie bedeckten Schüssel hält dieser Tofu sich 3–4 Tage im Kühlschrank.

Tofu to tomato no salada

Tomatensalat mit Tofu

Zutaten für 4 Personen:

1	Stück Tofu* (400 g, frisch gekauft oder selbst gemacht, siehe oben)
3	Tomaten
3 TL	Olivenöl
1 TL	Sesamöl
1 TL	Apfelessig
1 TL	Sojasauce* (Shoyu)
1	Knoblauchzehe
2 EL	fein geschnittener Schnittlauch
3	Shiso-Blätter* (oder 1 Stängel Petersilie, Kerbel oder Koriander)

- Tofu gut abtropfen lassen, mit Küchenkrepp trocknen und in große Würfel schneiden. Tomaten waschen und abtrocknen, halbieren, Kerne entfernen, dann vierteln. In einer Schüssel Tofu und Tomatenviertel mischen, in den Kühlschrank stellen.
- Vinaigrette aus Olivenöl, Sesamöl, Apfelessig, Sojasauce und geriebenem Knoblauch zubereiten.
- Vor dem Servieren Tofu und Tomaten mit der Vinaigrette begießen. Mit fein geschnittenem Schnittlauch und grob gehacktem Shiso bestreuen. Gekühlt servieren.

Sushi-meshi

Sushi-Reis

- Reis kalt abspülen und abtropfen lassen. Den Reis in einem gusseisernen Topf mit 660 ml kaltem, entkalktem Wasser 30 Min. einweichen lassen. Abdecken, zum Kochen bringen, Hitze reduzieren und 10 Min. kochen lassen, ohne den Deckel zu öffnen. Vom Feuer nehmen und weitere 10 Min. zugedeckt ruhen lassen.
- Sushi-Essig oder Reis-Essig mit Zucker und Salz in ein Gefäß geben. 30 Sek. im Mikrowellenherd oder in einem Topf bis zur Auflösung des Zuckers erhitzen, dann umrühren. Abkühlen lassen.
- Reis in eine große Salatschüssel geben, Essiggemisch darübergießen, gut vermengen, damit der Reis mit dem Essig durchtränkt wird, ehe er ganz abgekühlt ist.
- Während der Vorbereitung des Sushis die Reisschüssel mit einem feuchten Tuch abdecken, damit sich die Flüssigkeit nicht verflüchtigt.

Zutaten für 920 g gekochten Reis:

540 g	japanischer Rundkornreis*
90 ml	Sushi-Essig* (oder 5 TL Reis-Essig* + 1½ EL Zucker + 1 gehäufter TL Salz)

Nori-maki-1

Sushi mit Surimi

Zutaten für 4 Personen:

4 TL Mayonnaise
1 TL Sojasauce* (Shoyu)
½ TL Wasabi* (je nach Geschmack)
½ Avocado
Bambusmatte
2 Nori-Blätter* (21 x 19 cm)
280 g gekochter Reis (siehe Seite 83)
50 g Surimi-Brösel*

- Für die Sauce Mayonnaise, Sojasauce und Wasabi mischen.
- Avocado in kleine Würfel schneiden.
- Auf eine kleine Bambusmatte in der Größe eines kleinen Tischsets ein Nori-Blatt legen. Auf dem Blatt eine etwa ½ cm dicke Schicht Reis verteilen, am oberen Rand des Blattes einen 3 cm breiten Streifen frei lassen.
- Hälfte des Surimi in einem vertikalen Streifen von 2 cm Breite etwa in der Mitte des Nori-Blatts auslegen. Hälfte der Avocadowürfel auf das Surimi geben.
- Nori-Blatt mit Hilfe der Matte in Längsrichtung zusammenrollen. In der Matte fest zusammendrücken, damit die Zutaten aneinanderkleben. Nori-Rolle in sechs Stücke schneiden.
- Ebenso mit dem zweiten Nori-Blatt und den anderen Zutaten verfahren.
- Gekühlt servieren, Sauce separat reichen.

Nori-maki-2

Sushi mit Lachsrogen

Zutaten für 4 Personen:

1½ Nori-Blätter* (21 x 19 cm)
4 Shiso-Blätter*
320 g gekochter Reis (siehe Seite 83)
80 g Lachsrogen (oder Forellenrogen)
Sojasauce* (Shoyu)

- Nori-Blätter in acht Streifen von 4 cm Breite teilen. Shiso-Blätter quer halbieren.
- Mit 40 g Reis eine Kugel formen, an beiden Seiten leicht flachdrücken, damit sie eine ovale Form erhält. Ebenso mit dem übrigen Reis verfahren, insgesamt acht Kugeln formen.
- Jede Reiskugel mit einem Band Nori umhüllen (das Nori-Blatt muss oben etwas über den Reis hinausragen). Ein halbes Shiso-Blatt auf jedes Nori-maki legen und mit Lachsrogen füllen.
- Gekühlt mit Sojasauce servieren.

WASABI
S
Tuck under thumb and hold firmly
Learn how to use your chopsticks
Add second chopstick hold it as you hold a pencil
Hold first chopstick in original position move the second one up and down Now you can pick up anything

LONG
ALIMENTARY
ALIMENTAIR
JAPONAIS
INGREDIE
SEL, EAU
PRODUCT OF JAPAN

Temari

Sushi mit Garnelen

Zutaten für 4 Personen:

2 EL	gemahlener Sesam
320 g	gekochter Reis (siehe Seite 83)
1	Ei
	Salz
½ TL	Öl (Ihrer Wahl)
½	Mini-Gurke
8	Garnelen, gepult und gekocht
	Sojasauce* (Shoyu)

- Gemahlenen Sesam unter den Reis mischen.
- Ei in eine Schale geben, salzen und mit der Gabel schlagen. Kleine Pfanne mit Öl erhitzen, Ei bei starker Hitze darin braten, dabei ständig mit der Gabel (oder mit Stäbchen) rühren, bis das Ei stockt.
- Gurke in sehr feine schräge Streifen schneiden.
- Sehr feste Frischhaltefolie in eine kleine Schale legen. Darauf eine Garnele, drei fächerförmig angeordnete Gurkenlamellen und etwas gebratenes Ei anordnen. 40 g gekochten Reis obenauf legen, Ränder der Folie umschlagen, in der Handfläche eine Kugel formen und fest zusammendrücken.
- Folie entfernen und den Vorgang wiederholen, bis die Zutaten aufgebraucht sind.
- Gekühlt mit Sojasauce servieren.

Wakame iri yudôfu

Tofu mit Wakame

Zutaten für 4 Personen:

- 2 TL geriebener Knoblauch
- 2 TL geriebener Ingwer
- 1 TL Zucker
- 3 EL fein geschnittener Porree
- 4 EL Sojasauce* (Shoyu)
- 2 EL gemahlener Sesam
- ½ EL Sesamöl
- 1 Stück Tofu* (400 g, frisch gekauft oder selbst gemacht, siehe Seite 82)
- 3 EL getrockneter Wakame*

- Für die Sauce Knoblauch, Ingwer, Zucker, Porree, Sojasauce, Sesam und Sesamöl mischen.
- Tofu in große Würfel schneiden.
- Getrockneten Wakame mit kaltem Wasser bedecken und 5 Min. quellen lassen. Gut abtropfen lassen.
- 600 ml Wasser zum Kochen bringen. Tofu und Wakame darin 5 Min. bei geringer Hitze erwärmen, nicht zum Kochen bringen.
- Topf auf den Tisch stellen und Sauce separat servieren. Tofu und Wakame in die Sauce stippen.
- Tofu mit Wakame wird meist warm gegessen, ist aber vor allem im Sommer auch kalt zu empfehlen.

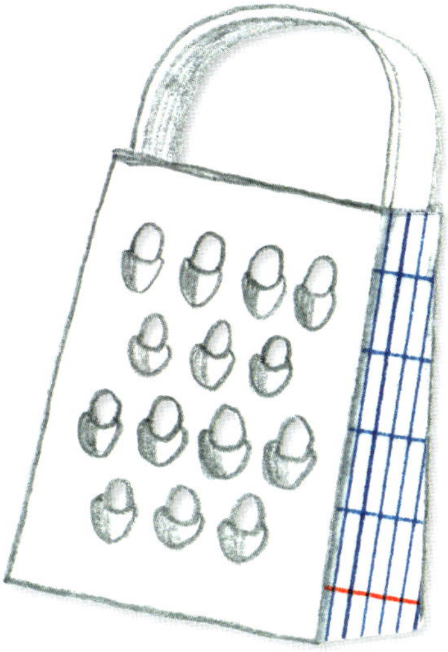

Yonashi no jely

Birnengelee

- Birnen schälen, halbieren, Kerne entfernen und das Fruchtfleisch reiben. Zitronensaft untermischen.
- 100 ml Wasser und Agar-Agar-Pulver zum Kochen bringen und etwa 2 Min. bei mittlerer Hitze unter ständigem Rühren kochen lassen. Vom Herd nehmen.
- Birnenmasse und gekochtes Agar-Agar gründlich miteinander verrühren. Zuckerrohrsirup und Williams-Birnenbrand dazugeben, erneut umrühren.
- Auf Schälchen verteilen. Mindestens für 1 Std. in den Kühlschrank stellen.
- Gekühlt servieren.

Zutaten für 4 Personen:

4	reife Birnen
1 EL	Zitronensaft
4 g	Agar-Agar-Pulver*
2 EL	Zuckerrohrsirup
1 EL	Williams-Birnenbrand (je nach Geschmack)

PESO LÍQUIDO 500g

NETTOGEWICHT : 400 GRAM
POIDS NET : 400 GRAM
NET WEIGHT : 400 GRAM

Amerika

Chantal

Für die geborene New Yorkerin ist Kochen nicht nur eine große Leidenschaft, sondern das Leben selbst. *»You are what you eat«* (Du bist, was du isst), erklärt uns Chantal. Und sie meint damit, dass wir ganz bewusst wahrnehmen sollten, was auf den Teller kommt. Diese Einstellung versucht sie auch ihren Kindern zu vermitteln, indem sie zum Beispiel darauf achtet, dass immer frische Lebensmittel im Haus sind. Aber für Chantal ist die Küche vor allem ein Ort der Gemeinsamkeit und der Geselligkeit. Hingebungsvoll kocht sie die leckersten Gerichte für ihre Familie und für ihre Freunde. Die Begeisterung, die aus jeder ihrer Bewegungen spricht, ist das sicherste Pfand für ihr kulinarisches Können.

USA

Chantals Kochkunst ist eine Art Patchwork aus den in Amerika sesshaft gewordenen Kulturen und ihren kulinarischen Traditionen. Auf eine Cajun-Vorspeise folgen ein mexikanisch inspiriertes Gericht und zwei angelsächsische Desserts. *Maque choux*, das sie als Vorspeise serviert, kann man auch als Beilage genießen. Statt Brot gibt es bei Chantal Muffins. Sie gehören zur Esskultur der Indianer und werden – süß oder salzig – zu jeder Tageszeit gegessen. Mariniertes Huhn ist ein Klassiker, dem Chantal eine raffinierte Note verleiht, indem sie dazu eine kalte Sauce aus Tomaten und Paprika und leichte Gemüsetörtchen reicht. Wir sind also weit entfernt vom Hamburger-Fritten-Klischee, denn glücklicherweise kennt die amerikanische Küche auch sehr schmackhafte, raffinierte und ausgewogene Rezepte mit vielfältigen Zutaten, selbst wenn es im Alltag meist Steaks und große Salate mit Fertigsaucen gibt.

Das einzige unumgängliche kulinarische Fest in den USA ist Thanksgiving, das seit 1621 am dritten Donnerstag im November als Friedens- und Erntedankfest gefeiert wird. Dann begeben sich alle Amerikaner auf eine Völkerwanderung zu ihren Familien, um sich um den traditionellen Truthahn zu versammeln. Thanksgiving geht zurück auf die Feier der ersten Ernte der Siedler, nachdem sie von den Indianern die Landwirtschaft erlernt hatten.

Ein *Crumble* aus roten Früchten mit Zimt und ein wunderbar schmelzender Schokoladenkuchen stehen am Ende dieser ebenso erlesenen wie überraschenden Reise durch die USA.

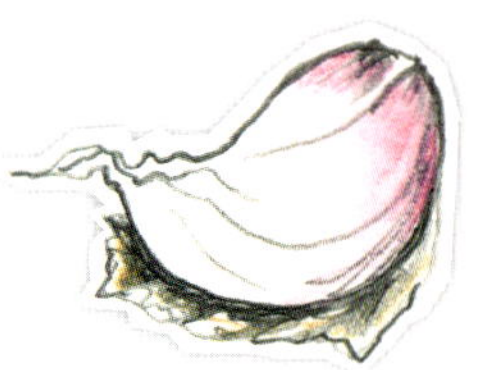

Maque choux

Mais-Gemüse mit Crème fraîche

- Zwiebeln und Knoblauch schälen und fein hacken. In einem großen Topf Öl erhitzen und Butter dazugeben. Sobald das Fett zu zischen beginnt, Zwiebeln und Knoblauch hinzufügen, etwa 5 Min. anschwitzen, bis sie glasig und zart, aber nicht gebräunt sind.
- Paprikaschote entkernen und in kleine Würfel schneiden. Tomaten schälen, entkernaen und ebenfalls würfeln. Paprika, Tomaten, Mais und Brühe im Topf bei starker Hitze zum Kochen bringen. Hitze reduzieren, Topf halb abdecken und etwa 10 Min. dünsten, bis die Maiskörner weich sind.
- Mit Cayennepfeffer und Salz würzen, Crème fraîche unterrühren. Erhitzen.
- Sofort servieren.

Zutaten für 6 Personen:

2	mittelgroße Zwiebeln
1	Knoblauchzehe
50 ml	Sonnenblumenöl
2 EL	Butter oder Margarine
1	mittelgroße Paprika
6	Tomaten
250 g	frischer Mais
250 ml	Hühnerbrühe
½ TL	Cayennepfeffer
1 Msp.	Salz
80 g	Crème fraîche

Corn muffins

Muffins aus Maismehl

- Muffinformen mit einem Teil des Öls auspinseln. 5 Min. im Backofen bei 230 °C (Umluft: 210 °C) vorwärmen.
- In einer großen Schüssel Weizenmehl, Zucker, Backpulver, Salz und Maismehl mischen. In die Mitte eine Mulde drücken.
- Ei nur wenig schlagen, restliches Öl und Milch dazugeben, in die Mulde gießen.
- Mit einem Holzlöffel vorsichtig alles miteinander verrühren. Die Mischung muss nicht vollkommen einheitlich werden.
- Formen füllen und etwa 15 Min. im Backofen bei 210–230 °C (Umluft: 190–210 °C) backen.
- 10 Min. in den Formen abkühlen lassen, dann herausnehmen und auf ein Kuchengitter legen.
- Lauwarm servieren.

Zutaten für 12 Muffins:

12	Muffinförmchen (∅ 7,5 cm)
60 ml	Sonnenblumenöl
120 g	gesiebtes Weizenmehl
50 g	Zucker
2 TL	Backpulver
½ TL	Salz
120 g	Maismehl
1	Ei
400 ml	Milch

Monterey chicken

Huhn Monterey

- Die Hähnchenbrüste in einer Marinade aus der geriebenen Schale und dem Saft der Limette, Öl, Pfeffer, Senf und Paprikapulver auf einem Teller 1 Std. ruhen lassen, ohne das Fleisch abzudecken. Ab und zu das Fleisch wenden.
- Die Salsa mexicana: Tomaten schälen, vierteln und entkernen. Schalotten und Knoblauchzehe schälen. Chilischote entkernen. Tomaten, Schalotten, Knoblauch, Chilischote, Essig und Salz miteinander vermengen, gehackten Koriander hinzufügen.
- Das Fleisch abtropfen lassen und in eine ofenfeste Form geben. Mit der Hautseite unter dem Grill 7–10 Min. braten. Während des Bratens häufig mit der Marinade begießen. Die andere Seite ebenso grillen. Am Ende salzen.
- Die Hähnchenbrüste auf den Tellern verteilen, mit Korianderblättern garnieren und 1 EL Salsa mexicana dazugeben.
- Mit Gemüsetörtchen servieren.

Zutaten für 6 Personen:

6	Hähnchenbrüste mit Haut
	geriebene Schale und Saft von 1 Limette
2 EL	Olivenöl
	Pfeffer
	Salz
6 EL	körniger Senf
2 TL	Paprikapulver
	einige Korianderblätter zum Garnieren

Für die Salsa mexicana:

4	Tomaten
2	Schalotten
1	Knoblauchzehe
½	Chilischote*
1 TL	Essig
	Salz
2 EL	gehackter frischer Koriander

Als Beilage:

Gemüsetörtchen

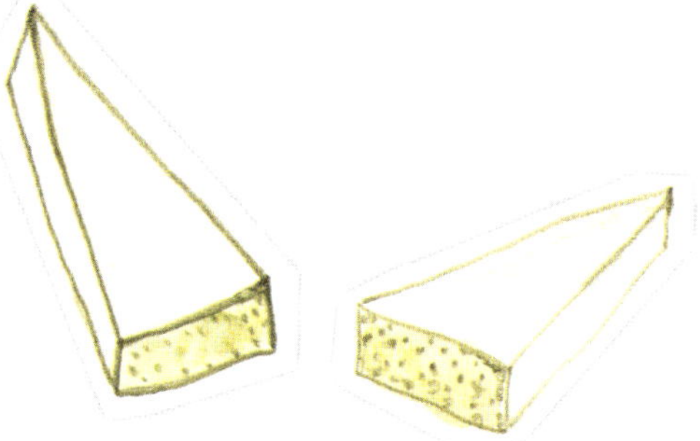

Vegetable custard

Gemüsetörtchen

- Geschälte Tomaten und Zucchini in kleine Würfel schneiden. Kleingehackte Zwiebel und Petersilie mischen, mit Tomaten und Zucchini vermengen. Crème fraîche, Maizena, Eier und Gruyère dazugeben. Salzen und pfeffern. Gut verrühren.
- Gemüse in zwölf Flexipan-Backformen von etwa 8 cm Durchmesser oder in eine Tortenform von etwa 25 cm Durchmesser geben. Im vorgeheizten Backofen bei 180 °C (Umluft: 160 °C) 40–45 Min. backen. Anstechen, um die Garzeit zu prüfen: Die Törtchen dürfen innen nicht zu weich sein.
- Je nach Geschmack kalt, lauwarm oder warm servieren.

Zutaten für 6 Personen:

600 g	Gemüse (2 Tomaten + 2 Zucchini)
1	Zwiebel
1	Bund Petersilie
200 g	Crème fraîche
2 EL	Maizena
4	Eier
70 g	geriebener Gruyère
	Salz
	Pfeffer

Granny´s chocolate cake

Omas Schokoladenkuchen

- Der Kuchen: Eier trennen. Butter mit der Schokolade bei schwacher Hitze in einem Topf schmelzen lassen. Zucker unterrühren, vom Feuer nehmen, Eigelb und Mehl dazugeben.
- Eiweiß zu Schnee schlagen. Vorsichtig mit dem Schneebesen unter den Teig heben.
- Teig in einer gefetteten Form (∅ 28 cm) etwa 25 Min. im vorgeheizten Backofen bei 150 °C (Umluft: 130 °C) backen.
- Die Glasur: Schokolade mit 1 EL Wasser bei schwacher Hitze schmelzen lassen. Zucker unterrühren, vom Feuer nehmen. Butter dazugeben und mischen. Kuchen mit einem Spachtel glasieren.
- Kalt servieren.

Zutaten für 6 Personen:

Für den Kuchen:

3 Eier
125 g Butter
250 g dunkle Schokolade
125 g Zucker
3 EL Mehl
Fett für die Form

Für die Glasur:

60 g dunkle Schokolade
2 EL Zucker
1 walnussgroßes Stück Butter

Mixed red fruit crumble

Crumble mit roten Früchten

- In kleine Stücke geschnittene Butter mit Zucker und Mehl verkneten. Wenn die Mischung fest zu werden beginnt, zwischen den Fingern zerkrümeln, so dass feste Streusel entstehen.
- Äpfel schälen und in Würfel schneiden. Mit Zitrone beträufeln, damit sie nicht braun werden.
- Zusammen mit den Himbeeren und den Roten Johannisbeeren in einer Gratinform verteilen. Mit Zimt bestäuben. Vollständig mit den Streuseln bedecken.
- Etwa 40 Min. im vorgeheizten Ofen bei 210 °C (Umluft: 190 °C) backen.
- Crumble lauwarm mit Schlagsahne servieren.

Zutaten für 6 Personen:

125 g	weiche Butter
125 g	brauner Zucker
200 g	Mehl
4–5	Äpfel
	Saft von 1 Zitrone
300 g	Himbeeren
300 g	Rote Johannisbeeren
2 TL	Zimt
	Schlagsahne

Marie-Andrée

Marie-Andrée stammt aus Ducos auf Martinique. Einen Großteil ihrer Kindheit verbrachte sie in der Küche ihrer Großmutter, die die Enkelin in ihre schmackhaften Künste einführte. Bis heute kocht Marie-Andrée mit sichtbarem Vergnügen – und respektiert dabei liebevoll die Traditionen ihrer Heimat. Es würde ihr nie einfallen, ein Fertigprodukt zu verwenden oder ein Elektrogerät zum Rühren oder Hacken zu Hilfe zu nehmen. Marie-Andrée macht alles mit der Hand. Ihr Kochgeschirr wird selten erneuert, weil »in den alten Töpfen die besten Suppen gekocht werden«, wie sie selbst so schön sagt. Man muss ihre wohlschmeckenden Kreationen nur probieren, um sich davon zu überzeugen.

Antillen

Auf Martinique kümmern sich alle um das Essen, und Marie-Andrée erklärt uns, dass Männer ebenso gut kochen wie Frauen. Stets findet sich eine Gelegenheit für ein Fest! Zuerst gibt es meist einen *Planter's Punch* oder eine *Piña Colada*. Für den Punsch, der mehr oder weniger stark ist und mit weißem und braunem Rum zubereitet wird, hat jeder sein eigenes Rezept. Marie-Andrée setzt den Punsch schon am Vortag an, dann ist er noch aromatischer.

Für die kreolischen Rezepte werden sowohl afrikanische als auch orientalische Zutaten verwendet. Das Colombopulver wurde von den Indern eingeführt, die mit ihren eigenen Gewürzen auf die Antillen kamen. Seither verleihen Chili, Zimt, Vanille, Muskat und Ingwer der antillanischen Küche ihre Raffinesse. Der Ursprung der *Acras* ist sehr bezeichnend für die Mischung von Einflüssen, die den kulinarischen Reichtum der Inseln ausmachen. Im 19. Jahrhundert stand eine Köchin aus der Normandie in einem Haus auf den Antillen und klagte, sie habe keine Äpfel für ihre Krapfen. Eine Afrikanerin, die neben ihr getrockneten Kabeljau zerkleinerte, brachte sie auf die Idee, die Äpfel durch Fisch zu ersetzen. Da das Ergebnis noch etwas fad schmeckte, fügte ein junger Hindu Cive und Chili hinzu. Heute sind *Acras* eine Spezialität der antillanischen Küche. Ebenso verbreitet sind Weiß- und Blutwurst, die man gerne zwischendurch oder bei festlichen Anlässen als Vorspeise isst. Außerdem inspirieren Früchte wie Bananen, Ananas und Kokosnuss zu immer neuen Desserts.

Planter´s Punch

Zutaten für 1 l Punsch bzw. für 6 Personen:

20 cl	weißer Rum
20 cl	brauner Rum
1 Msp.	Zimt
1 Msp.	Muskat
	geriebene Schale von ½ Limette
10 ml	Ananassaft
200 ml	Guavensaft
10 ml	Orangensaft
	Saft von ½ Limette
3	Spritzer Angostura* oder Vanilleessenz
100 ml	Zuckerrohrsirup
100 ml	Grenadine (ohne Farbstoff)
	Eiswürfel

- In einen Krug mit weißem und braunem Rum nacheinander Zimt, Muskat und Limettenschale einrühren. Anschließend Ananas-, Guaven-, Orangen- und Limettensaft, Angostura oder Vanilleessenz dazugießen, zuletzt Zuckerrohr- und Grenadinesirup dazugeben. Mit dem Schneebesen verquirlen.
- Gekühlt mit Eiswürfeln servieren.

Acras de morue

Kabeljaubällchen

- Kabeljau zum Entsalzen in reichlich kaltem Wasser aufsetzen, erhitzen und etwa 10 Min. kochen lassen. Wasser wechseln und Vorgang wiederholen. Wenn der Kabeljau noch immer zu salzig ist, ein drittes Mal in frischem Wasser kochen. Kabeljau abkühlen lassen, Haut und Gräten entfernen und je nach gewünschter Konsistenz mit dem Messer oder im Mixer zerkleinern.
- Die Würzmischung: Cive, Petersilie und Knoblauch miteinander mischen. Diese Würzmischung dient als Grundlage für viele Gerichte (wie das Christophinengratin, siehe Seite 104) und ist ein Klassiker der antillanischen Küche. Für die Acras braucht man nur sehr wenig Würze, man kann die Mischung aber auch 2–3 Tage im Kühlschrank aufbewahren oder einfrieren.
- Mehl und Milch zu einem flüssigen Teig vermengen, Eier hinzufügen und verquirlen. Kabeljau dazugeben, salzen und pfeffern, außerdem 5 TL der Gewürzmischung sowie Thymian, Chilipaste und Hefe unterziehen. Verrühren, bis ein sahniger Teig entsteht. 2–3 Std. ruhen lassen.
- Öl bei mittlerer Temperatur erhitzen, mit einem Teelöffel Teig zu Bällchen formen und in das Öl legen. Acras beim Frittieren wenden, damit sie von allen Seiten bräunen. Die Hitze darf nicht zu stark sein, sonst verbrennen die Bällchen außen und sind innen noch nicht gar. Die goldgelben Acras herausnehmen und auf Küchenkrepp abtropfen lassen.
- Warm als Vorspeise oder ersten Gang essen.

Zutaten für 6 Personen:

250 g	getrockneter Kabeljau
500 g	Mehl
650 ml	Milch
2	Eier
	Salz
	Pfeffer
1 TL	getrockneter Thymian
2–3 TL	Chilipaste* (nach Geschmack) oder 1 fein gehackte Chilischote*
½	Päckchen Hefe
1 l	Öl zum Frittieren

Für die Zubereitung der Würzmischung:

5	Cive*
½	Bund krause Petersilie
4–5	Knoblauchzehen

Gratin de christophines

Christophinengratin

- Christophinen längs halbieren, Kerne entfernen und etwa 10 Min. schmoren lassen. Abkühlen lassen, Fruchtfleisch mit dem Löffel herausschälen, ohne die Haut zu beschädigen. Dann das Fruchtfleisch mit der Gabel pürieren.
- Würzmischung (siehe Seite 103) anrühren.
- Etwas Öl bei schwacher Hitze erwärmen und den klein gewürfelten Schinken mit 5 TL der Würzmischung und dem gepresstem Knoblauch anbräunen. Gut mischen. Mehl unter ständigem Rühren dazugeben. Milch hineingießen und weiterrühren.
- Christophinenfleisch, Thymian und Salz hinzufügen. Nach Belieben pfeffern und bei schwacher Hitze ca. 10 Min. köcheln lassen. Abschmecken.
- Entkernte Christophinenschalen mit dieser Zubereitung füllen. Auf jede Christophinenhälfte etwas Paniermehl streuen und jeweils ein walnussgroßes Stück Gruyère und ein Butterflöckchen daraufsetzen.
- Etwa 30 Min. im vorgeheizten Backofen bei 210 °C (Umluft: 190 °C) backen, anschließend etwa 2 Min. grillen, damit der Käse gratiniert.
- Warm servieren.

Zutaten für 4 Personen:

4	Christophinen*
1	Spritzer Sonnenblumenöl
3	Scheiben Kochschinken oder geräucherter Schinken (ca. ½ cm dick)
2	Knoblauchzehen
5 EL	Mehl
500 ml	Milch
1 TL	getrockneter Thymian
1 TL	Salz
	Pfeffer
	Paniermehl
1	gehäufter TL geriebener Gruyère pro Christophinenhälfte
1	Butterflöckchen pro Christophinenhälfte

Für die Zubereitung der Würzmischung:

5	Cive*
4–5	Knoblauchzehen
½	Bund krause Petersilie

POUDRE A
COLOMBO
des Antilles
CURRY POWDER

Colombo de poulet

Hähnchencolombo

- Die Marinade: Die fein geschnittenen Zwiebeln mit den Knoblauchzehen, Thymian, Lorbeerblatt, Nelken und Zitronensaft mischen. Salzen und pfeffern.
- Haut von den Hähnchenkeulen abziehen, Fleisch mit der Marinade bedecken. Mindestens für 12 Std. in den Kühlschrank stellen, Hähnchenteile ab und zu wenden.
- Gemüse schälen und in kleine Würfel schneiden. Olivenöl erhitzen und die Hähnchenteile bei starker Hitze ein paar Min. anbraten, dabei umrühren. Das kleingeschnittene Gemüse dazugeben.
- Colombopulver in einer Schale mit etwas Wasser auflösen und ebenfalls dazugeben. Zwei Schalen Wasser dazugießen, abdecken und etwa 30 Min. bei mittlerer Hitze kochen lassen.
- Salzen und abschmecken. Hitze reduzieren.
- Zitronensaft und gepresste Knoblauchzehen verrühren. Mit dem Brühwürfel und der ganzen Chilischote hinzufügen. Umrühren und weitere 5 Min. bei schwacher Hitze kochen.
- Sofort mit Reis servieren.

Zutaten für 4 Personen:

1 kg	Hähnchenkeulen
2	Karotten
2	Zucchini
2	große Kartoffeln
1	Aubergine
	Olivenöl zum Anbraten
4 EL	Colombopulver*
	Salz
	Saft von 1 Zitrone
3	Knoblauchzehen
1	Würfel Hühnerbrühe
1	Adjuma-Chilischote*

Für die Marinade:

2	Zwiebeln
2	Knoblauchzehen
	einige Stängel getrockneter Thymian
2–3	Lorbeerblätter
5–6	Gewürznelken
	Saft von 2 Zitronen
	Salz, Pfeffer

Als Beilage:

Reis

Reis

- Reis waschen. Die doppelte Menge Wasser zum Kochen bringen. Reis und die ganze, nur leicht gepresste Knoblauchzehe, Öl und Salz dazugeben. Abdecken und bei mittlerer Hitze etwa 20–30 Min. kochen lassen, bis der Reis das Wasser aufgenommen hat.

Zutaten für 4 Personen:

500 g	Basmati-Reis
1	Knoblauchzehe
1 EL	Sonnenblumen- oder Olivenöl
1 TL	Salz

Flan au coco

Kokosflan

Zutaten für 4 Personen:

- 1 Dose gesüßte Kondensmilch (400 g)
- 1 Dose ungesüßte Kondensmilch (400 g)
- 4 Eier
- 75 g Kokosraspeln
- 1 EL Rum
- geriebene Schale von 1 Zitrone
- 1 gestrichener TL Zimt
- 1 gestrichener TL Muskat
- 1 Päckchen Vanillezucker oder 2–3 Spritzer Vanilleessenz
- 200 g brauner Zucker
- Charlottenform

- Gesüßte und ungesüßte Kondensmilch, Eier und Kokosraspeln mit einer Gabel vermengen. Rum, Zitronenschale, Zimt, Muskat und Vanillezucker dazugeben.
- 250 ml Wasser und braunen Zucker in eine Charlottenform geben, diese etwas hin und her schwenken und dann bei schwacher Hitze erwärmen, bis der Zucker karamellisiert. Den Rand der Form damit bestreichen, den Rest weggießen.
- Die Creme in die Form geben und etwa 30 Min. im Wasserbad im vorgeheizten Backofen bei 210–240 °C (Umluft: 190–220 °C) backen. Mit dem Messer prüfen: Wenn die Klinge trocken und sauber bleibt, den Flan aus dem Ofen nehmen und 5 Min. abkühlen lassen (nicht länger, sonst wird der Karamell hart). Form stürzen und mindestens 2 Std. im Kühlschrank abkühlen lassen.
- Kalt servieren.

gesüßte
+
ungesüßte

+

Kokosraspeln + Rum
+ Zimt + Muskat + ...

+

süß & salzig

Margarita

Margarita, die aus der Stadt Barranquilla an der kolumbianischen Karibikküste stammt, ist durch Bücher zum Kochen gekommen, denn ihre Mutter überließ das Küchenreich fast ausschließlich einer Köchin. Heute legt Margarita am liebsten selbst Hand an. Dabei bleibt ihr das erste Mal unvergessen: Nachdem sie ihren späteren Ehemann kennengelernt hatte, wagte sie sich an die Zubereitung des *Ajiaco*, einer für Bogotá typischen Suppe aus Kartoffeln, Huhn, Mais und Kräutern. Für eine Anfängerin war das eine echte Herausforderung! Tatsächlich war zunächst das Zittern auch groß, dann gab aber eine Freundin jede Menge guter Tipps – und schließlich stellte sich bei Margarita die Lust am Kochen ein.

Kolumbien

An Margaritas Tafel folgt eine Entdeckung auf die nächste, salzige und süße Geschmacksnoten wechseln sich ab. Die frittierten Kochbananenscheiben, *Patacones*, knabbert man gesalzen vorneweg oder zum Hauptgericht. Traditionell gibt es in Kolumbien keine Vorspeise. Das Essen besteht aus einer großen, reich belegten Platte: Beilagen, Gemüse, Fleisch und Fisch. Die kulinarischen Unterschiede zwischen den Regionen sind beträchtlich: Während die Bewohner von Medellín bei keiner Mahlzeit auf rote Bohnen verzichten, isst man an der Küste eher Reis und Fisch. Und im Landesinnern gehört viel Fleisch zum Essen, das vor dem Kochen stundenlang mariniert wird.

Margarita lädt uns ein zu *Posta*. Das Rindfleisch wird selbstverständlich eingelegt, bevor es zwei Stunden im Topf gekocht wird. Je länger es gart, desto zarter und schmackhafter ist es. Dazu gibt es Reis und Kokosmilch. Früher mussten die Frauen mit einem großen Hammer die Kokosnüsse zertrümmern, um an die Milch heranzukommen, heute erleichtern ihnen Milchdosen das Leben. Neuerdings gibt es sogar noch etwas Besseres: das *Titoté*. Diese Kokosmilch ist bereits vorgekocht und kann gleich verwendet werden. Leider findet man *Titoté* nur in Kolumbien, doch das Land ist nicht zuletzt deshalb eine Reise wert! Am Ende der Mahlzeit serviert Margarita ein Dessert. Meist gehören Früchte wie Papaya, Mango, Ananas und Passionsfrucht dazu – oder Guaven wie bei den Guaven-Bocadillos –, außerdem Milch oder Kokosnuss, die in Kolumbien süß und salzig verarbeitet wird.

ONKEL TUCA
BANANAS ORIGINALES
COLOMBIA # 4011

Patacones

Kochbananenchips

Zutaten für 6 Personen:

3	grüne Kochbananen*
200 ml	Sonnenblumenöl
2	Knoblauchzehen
½ EL	Salz

- Die Schale jeder Kochbanane auf der ganzen Länge einschneiden, die Bananen mit der Hand oder mit einem Messer schälen. 1½ cm dicke Scheiben schneiden.
- Öl in einer Pfanne erhitzen. Wenn es heiß ist, Bananenscheiben darin anbraten und wenden, bevor sie braun werden. Sie dürfen auf jeder Seite nur ein paar Sek. braten. Scheiben aus der Pfanne nehmen und auf Küchenkrepp legen.
- Ein Holzbrett mit Frischhaltefolie bedecken. Eine Bananenscheibe auf die Folie legen und diese Folie über die Scheibe falten. Banane mit einer Flasche zerdrücken (von 1½ auf ½ cm Dicke). Folie öffnen, zerdrückte Bananenscheibe beiseitelegen, ebenso mit den anderen Scheiben verfahren. Achtung: Nicht warten, bis die Scheiben kalt sind, ehe man sie zerdrückt, denn sie werden schnell fest.
- Gepressten Knoblauch in einer Schale mit lauwarmem Wasser übergießen und salzen. Jede Bananenscheibe für 1 Sek. in das Wasser tauchen, dann mit Küchenkrepp abtrocknen.
- Scheiben wieder in heißes Öl legen, etwa 1 Min. auf jeder Seite goldgelb braten, herausnehmen und auf neues Küchenkrepp legen.
- Patacones isst man kalt oder warm, zum Knabbern mit Guacamole (Avocadocreme), als Appetithäppchen oder als Beilage zu einem Hauptgericht.

Posta

Rinderbraten kolumbianisch

Zutaten für 6 Personen:

1 Rinderbraten (2 kg)
2 EL Senf
2 EL Worcestersauce*
3 mittelgroße rote Zwiebeln
½ rote Paprika
4 Tomaten
Salz
Pfeffer
Sonnenblumenöl zum Anbraten

Als Beilage:
Kokosreis

- Rindfleisch von allen Seiten mit Senf und Worcestersauce bestreichen. Zwiebeln schälen, Paprika entkernen und in große Würfel schneiden, Tomaten klein würfeln, dann alles vermengen. Fleisch von allen Seiten mit dieser Mischung bedecken, in Folie einwickeln und im Kühlschrank mindestens 12 Std. in der Marinade ziehen lassen.
- Fleisch aus dem Kühlschrank nehmen, salzen und pfeffern und in einer Pfanne mit heißem Öl bei starker Hitze von allen Seiten etwa 15 Min. anbraten, bis es fast schwarz ist.
- Wenn das Fleisch gut angebraten ist, Marinade salzen und pfeffern, in einen Schmortopf geben und das Fleisch in die Marinade legen. Etwa 2–3 Min. stark erhitzen, dann Temperatur reduzieren und das Fleisch bei mittlerer Hitze 1–2 Std. schmoren lassen. Je länger das Fleisch gart, desto zarter wird es. Braten gelegentlich wenden. Marinade bei Bedarf nachsalzen. Achtung: Der Braten schrumpft beim Schmoren sehr stark.
- Warm mit Kokosreis servieren.

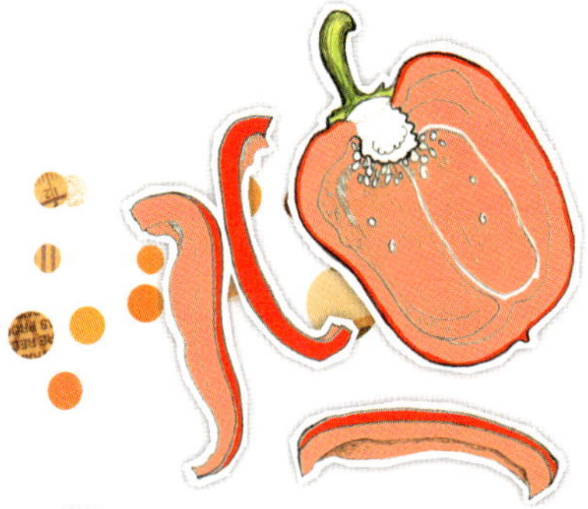

Arroz con coco

Kokosreis

Zutaten für 6 Personen:

1	Dose Kokosmilch* (400 ml)
1½ EL	Farinzucker
2 EL	Salz
4	Gläser Reis (ca. 700 g)

- Kokosmilch in einem gusseisernen Topf bei starker Hitze etwa 20 Min. erwärmen, ständig umrühren. Allmählich verschwindet die weiße Farbe, die Flüssigkeit färbt sich braun, klebt am Topf fest und das Fett steigt an die Oberfläche. Mit dem Holzlöffel den Bodensatz abkratzen und unterrühren.
- Wenn die Milch beinahe braun ist, Farinzucker und 6 Gläser Wasser (anderthalbfaches Volumen des Reises) dazugeben. Zum Kochen bringen, dann Hitze reduzieren und salzen.
- Reis hineingeben, ohne Deckel bei starker Hitze etwa 10 –15 Min. kochen lassen, bis das Wasser verdampft ist. Hitze reduzieren, abdecken und ungefähr 20 Min. weiterkochen lassen.
- Warm servieren.

Flan de piña

Ananasflan

- Kondensmilch, Milch, Eier sowie zwei in kleine Stücke geschnittene Scheiben Ananas und Rum miteinander vermengen.
- 250 ml Wasser bei schwacher Hitze mit dem braunen Zucker erwärmen, bis Karamell entsteht.
- Eine Puddingform mit dem Karamell ausschwenken, dann die vermengten Zutaten hineingießen. Die anderen beiden Ananasscheiben in kleine Stücke schneiden und dazugeben.
- Verrühren und etwa 45 Min. im vorgeheizten Ofen bei 180 °C (Umluft: 160 °C) backen.
- Abkühlen lassen und stürzen, mindestens für 1 Std. in den Kühlschrank stellen.
- Kalt servieren.

Zutaten für 6 Personen:

1	Dose süße Kondensmilch (400 ml)
400 ml	Milch
4	Eier
4	Scheiben Ananas (aus der Dose)
1 EL	weißer Rum
200 g	brauner Zucker
	Puddingform

Weißer
Rum

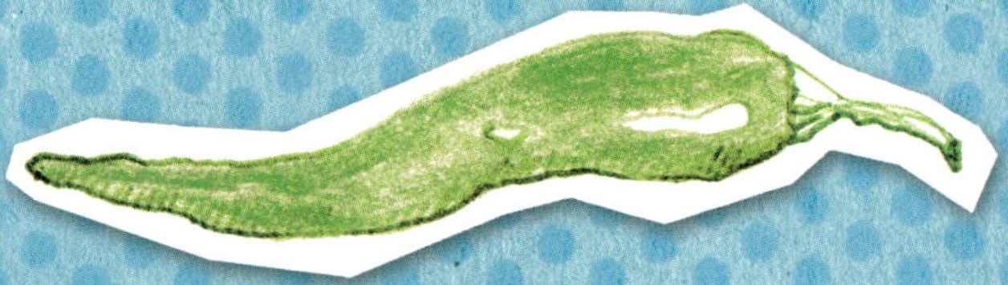

Paola

Paola ist in Santiago de Chile geboren und in der Gegend von Valparaíso aufgewachsen. Von der Pinochet-Diktatur bedroht, musste sie fern der Heimat Zuflucht suchen und sich ein neues Leben aufbauen. Fern auch von Sonne, Meer und jenem Gemeinschaftsgefühl, bei dem man es für völlig normal hält, dass man unerwartet bei Freunden auftaucht und natürlich auch zum Essen bleibt. Vielleicht wird sie eines Tages in ihre Heimat zurückkehren … Paola liebt die Feste und den Tanz nach Latino-Rhythmen ebenso wie den Rock 'n' Roll, und sie lädt gern Freunde zu sich ein, um für sie ihre Lieblingsgerichte zu kochen. Bei Paola sind Gäste stets willkommen, man sagt nur kurz Hallo und bleibt dann den ganzen Abend. Wie in Chile.

Über viertausend Kilometer erstreckt sich die chilenische Küste am Pazifik. Die Einflüsse des Meeres sind in allen Lebensbereichen zu spüren. Auch auf Paolas Speisekarte finden sich deshalb Fisch und Meerestiere als unverzichtbare Zutaten. Der Abend beginnt mit dem traditionellen *Ceviche*, das aus chilenischem Seehecht mit seinem unvergleichlichen Geschmack oder aus Kabeljau zubereitet wird. Manchmal gibt Paola eine grüne Chilischote dazu, damit das *Ceviche* pikanter wird.

In Chile ist jeder Sonntag eine willkommene Gelegenheit für ein schönes Mahl. Man besucht einander, die Tische biegen sich unter den Schüsseln und Tellern, die Gespräche werden immer lebhafter, und man geht erst nach Stunden auseinander. Wein darf natürlich nicht fehlen, Chile ist berühmt für seine würzigen und fruchtigen Qualitätsweine wie den Paìs, gerne getrunken werden aber auch Weine aus europäischen, vor allem französischen Rebsorten.

Paola setzt diese Sonntagstradition mit den Rezepten fort, die sie am liebsten hat: *Chupe* und Knoblauchgarnelen, Spezialitäten ihrer Heimat; Chupe kann man auch mit Innereien zubereiten. An Festtagen gibt es überall in Chile gegrilltes Fleisch und große Salate, aber das Wichtigste ist, dass man sich trifft und beisammen ist. Doch egal ob gefeiert wird oder nicht, jede Mahlzeit endet mit einem Dessert: den berühmten *Alfajores* mit Milchkonfitüre; dem *Café helado*, der kalt mit einer Kugel Eis und Sahne serviert wird; oder mit einer sonnengereiften, sehr, sehr süßen Frucht.

Chile

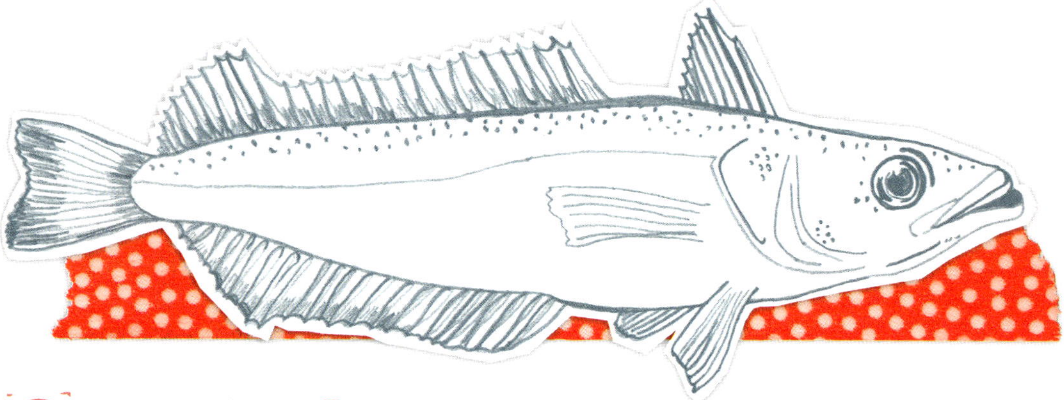

Ceviche

Marinierter roher Fisch

Zutaten für 4 Personen:

½	Zwiebel
2	Knoblauchzehen
1	Handvoll glatte Petersilie
500 g	chilenischer Seehecht, Kabeljau oder Seelachs
	Saft von 2 Zitronen
	Salz
	Pfeffer
1 TL	Sonnenblumenöl
1 Msp.	Kumin*

Als Beilage:

Toastbrot

- Zwiebel, Knoblauch und Petersilie hacken. Rohen Fisch mit einer Gabel sehr fein zerteilen (nicht zerschneiden). Zwiebel, Knoblauch, Petersilie und Fisch in einer Schüssel mischen. Mit Zitronensaft begießen. Nach Geschmack salzen und pfeffern, dann Öl und Kumin dazugeben. Mindestens 1 Std. im Kühlschrank in der Marinade ziehen lassen.
- In leeren Muschelschalen, z. B. von Jakobsmuscheln, anrichten.
- Kalt servieren und mit Toastbrot essen.

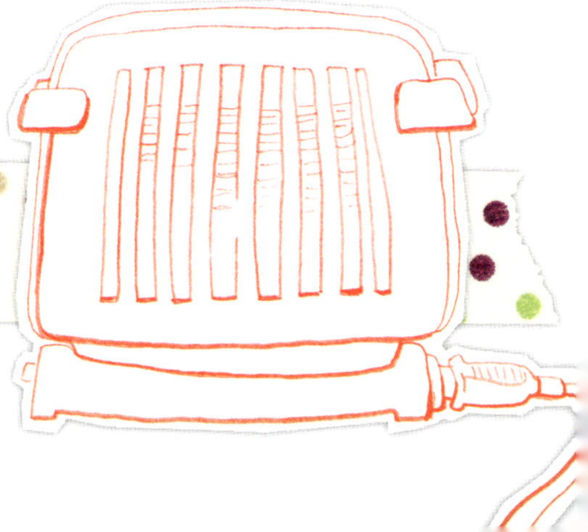

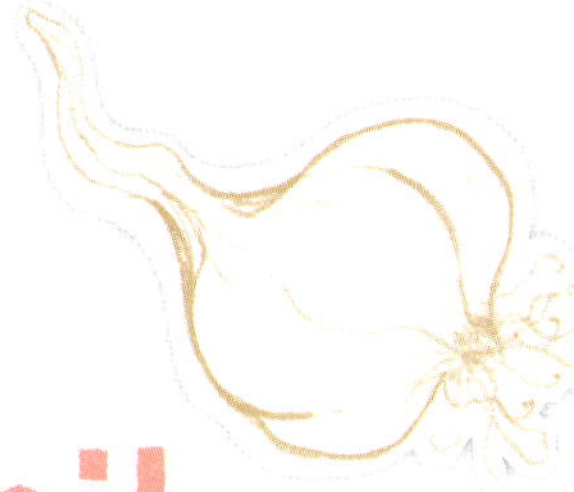

Camarones al pilpil

Knoblauchgarnelen

Zutaten für 4 Personen:

1 Zwiebel
10 Knoblauchzehen
1 Handvoll glatte Petersilie
50 g Butter
1 Spritzer Olivenöl
1 kg große Garnelen, gepult
1 walnussgroßes Stück rote Chilipaste*
Salz

- Zwiebel, Knoblauch und Petersilie hacken. Butter in einer Pfanne mit dem Olivenöl erwärmen, Zwiebel, Knoblauch und Petersilie dazugeben, 2–3 Min. bei schwacher Hitze andünsten, Garnelen und rote Chilipaste hinzufügen. Salzen. Gut mischen und etwa 5 Min. bei geringer Hitze braten.
- Sofort servieren.

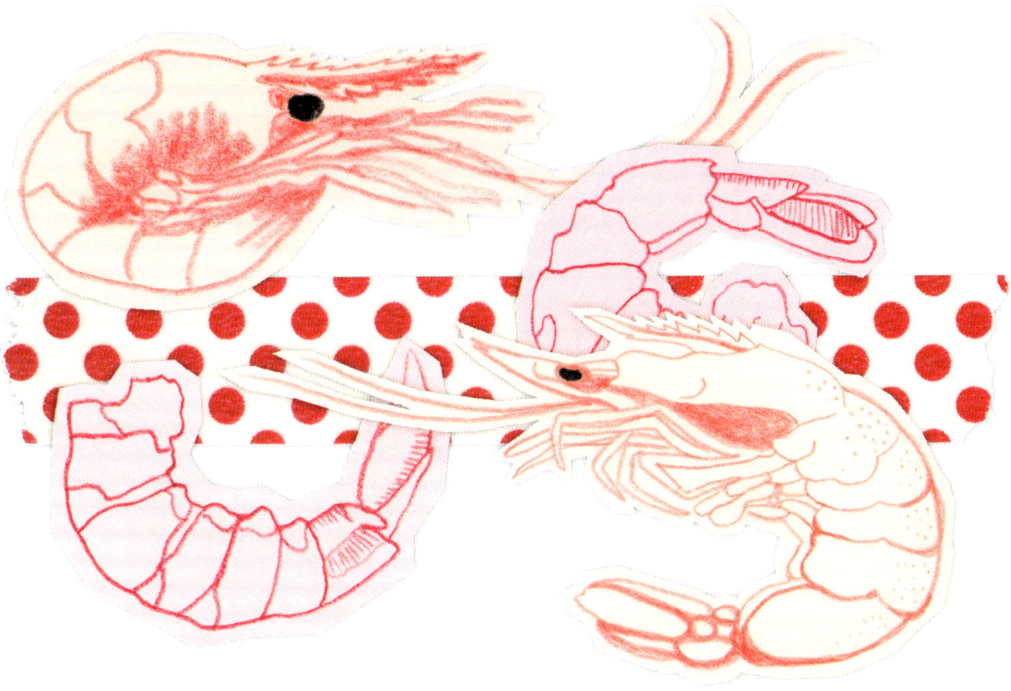

Chupe de mariscos

Meeresfrüchte in Sahne

- Der Vorteil von tiefgefrorenen Meeresfrüchten ist, dass sie bereits gekocht und entgrätet sind. Frische Meeresfrüchte müssen noch gekocht und entgrätet werden; dafür bitte zusätzlich Zeit einplanen.
- Meeresfrüchte waschen und Kalmar in Würfel schneiden. Meeresfrüchte mit Crème fraîche in einem Topf etwa 10 Min. bei schwacher Hitze unter ständigem Rühren erwärmen. 75 g geriebenen Parmesan und Paniermehl dazugeben, damit die Mischung nicht allzu flüssig bleibt. Umrühren. Mit Salz und Kumin würzen, abschmecken.
- Vier feuerfeste, runde Schalen von etwa 15 cm Durchmesser einfetten, Mischung hineingeben. Mit dem restlichen Parmesan bestreuen und im vorgeheizten Backofen bei 210–240 °C (Umluft: 190–220 °C) etwa 15 Min. überbacken, damit die Oberfläche gebräunt wird.
- Warm servieren.

Zutaten für 4 Personen:

1 kg	Meeresfrüchte: kleine gepulte Garnelen, Miesmuscheln, Kalmare, Tintenfisch … (oder 500 g kleine tiefgefrorene Garnelen + 500 g tiefgefrorene Meeresfrüchte)
500 g	Crème fraîche
100 g	geriebener Parmesan
5 EL	ganz feines Paniermehl
	Salz
1 Msp.	Kumin*
	Butter für die Schalen

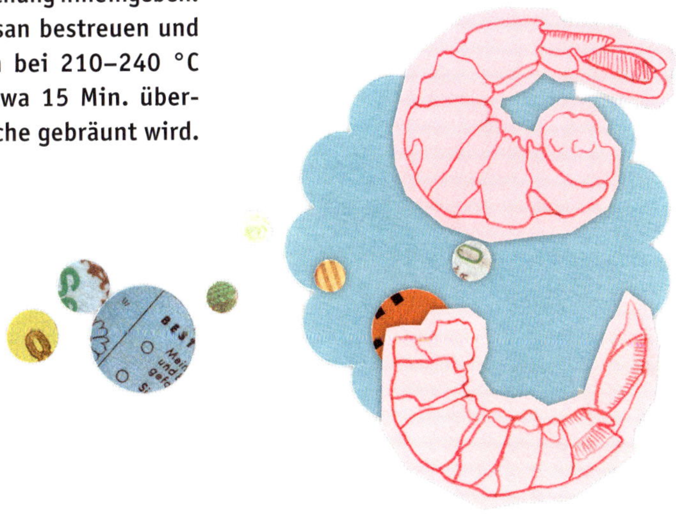

Kondensmilch
süße
30 Min.

Alfajores

Kleine Eierkuchen mit Milchkonfitüre

Zutaten für 6 Personen:

1	Dose süße Kondensmilch (400 g)
300 g	Mehl
8	Eigelb
1 EL	Schweineschmalz (oder geschmolzene Butter)

- Die Dose mit süßer Kondensmilch etwa 2 Std. bei mittlerer Hitze in einem Topf mit Wasser oder 30 Min. im Schnellkochtopf kochen. Dose abkühlen lassen.
- Mehl in eine Schüssel gießen und eine Mulde formen. Eigelb hineingeben, das Schweineschmalz dazugeben oder die geschmolzene Butter darüberträufeln und mit den Fingern verrühren. Nach und nach das Mehl unterziehen. Vorsichtig 3 EL Wasser dazugeben, gut verkneten.
- Teig auf 2 mm Stärke ausrollen. Mit einem Glas kleine Kreise ausstechen. Backblech mit Alufolie bedecken. Teigfladen darauf verteilen und mit der Gabel anstechen, damit sie nicht aufquellen. Im vorgeheizten Backofen bei 210 °C (Umluft: 190 °C) etwa 5 Min. backen.
- Fladen aus dem Ofen nehmen, eine etwa 1 cm dicke Schicht Kondensmilch auf jeden zweiten Fladen streichen, dann einen anderen Fladen darauflegen: Fertig ist ein Alfajor.
- Vor dem Servieren abkühlen lassen.

غبرة كريمة نكهة موز

Afrika & Indischer Ozean

150g ℮ Bei + 10° C mindestens haltbar bis:

Fatéma

Fatémas Restaurant ist nicht ihre einzige Aktivität auf dem Gebiet der kulinarischen Traditionen. Dazu gehören auch Kochbücher und Fernsehsendungen, der Vertrieb von Kräutern und vieles mehr. Fatéma stammt aus Oujda im Nordosten Marokkos und schöpft ihre Energie aus den Düften ihres Landes. Jedes Gericht auf der Speisekarte ihres Restaurants hat eine eigene Geschichte. Und was bereitet ihr das größte Vergnügen? Traditionen zu erforschen, verschollene oder fast vergessene Rezepte wiederzuentdecken und sie der modernen Kochkunst anzupassen. Als überzeugte Wissensvermittlerin und unermüdliche Forscherin freut es Fatéma am meisten, wenn sie andere an ihrem reichen kulinarischen Erbe teilhaben lassen kann.

Marokko

Fatéma hat traditionelle Rezepte gewählt, die die Mütter in mündlicher Tradition an ihre Töchter übermitteln. Süße, salzige oder scharfe Speisen, die man genießt, wenn man auf Kissen gemütlich um einen niedrigen runden Tisch sitzt. Jeder nimmt sich vom gemeinsamen Teller und isst mit den Fingern, genauer gesagt mit drei Fingern der rechten Hand: Daumen, Zeigefinger und Mittelfinger. An den Feiertagen gibt es ein festgelegtes Menü: *Bastilla*, *Tajines*, Couscous und zum Abschluss Obst, Minzetee und Gebäck. Zu den *Tajines* serviert man viele farbenfrohe Salate in unterschiedlichsten Geschmacksnoten. Die Mahlzeiten sind reichhaltig, und man fragt sich unwillkürlich, wer das alles essen soll. Doch in Marokko darf der Teller niemals leer werden, sonst hieße das, dass die Köchin zu sparsam gekocht hat. Fatémas *Harira* ist ein Klassiker, der als Vorspeise, zur Zeit des Fastenbrechens (am Ende eines Fastentages während des Ramadan), als Abendessen oder auch als Frühstück für die Bauern dient. Die *Maruziya*, das traditionelle Gericht zum Aidel-Kebir (Opferfest), ist ein Beispiel für die wunderbare Verbindung von süß und salzig, dem Spitzenpaar der marokkanischen Küche. Besonders wichtig sind die Gewürze, die dieser Küche ihren unverwechselbaren Geschmack verleihen. Man muss die Gewürze richtig dosieren können und genau wissen, wann man sie dem Essen beigibt. Das ist eine wahre Kunst, die man nur durch Erfahrung lernt. Tipp: Fatéma empfiehlt, Gewürze lichtgeschützt in luftdichten Gefäßen aufzubewahren; im Übrigen ist das einzige Verfallsdatum ihr Aroma.

Chlada b´khézou

Karottensalat mit Orangensaft

Zutaten für 6 Personen:

3 Karotten
Saft von 1 sehr saftigen Orange
1 EL Zucker
½ TL Zimt
1 EL Orangenblütenwasser
50 g geschälte Walnüsse

- Karotten schälen, waschen und fein raspeln. Mit Orangensaft begießen. Zucker, Zimt und Orangenblütenwasser dazugeben. Gut mischen und mit den Walnüssen dekorieren.
- Gekühlt servieren.

Chlada dial felfla

Salat mit gebratenen Paprikaschoten

Zutaten für 6 Personen:

4 grüne, rote oder gelbe Paprikaschoten
1 Tomate
1 Knoblauchzehe
Salz
Pfeffer
1 Msp. Kumin*
1 Spritzer Olivenöl

- Paprikaschoten 30 Min. im Backofengrill braten, ab und zu wenden, damit die Haut sich gleichmäßig schwärzt und bläht. Schoten häuten und abkühlen lassen, dann halbieren und entkernen, mit warmem Wasser abspülen. In feine Streifen schneiden.
- Tomate schälen und entkernen, in kleine Würfel schneiden. Knoblauch pressen.
- Paprikastreifen und Tomatenwürfel in einer Salatschüssel mit Knoblauch, Salz, Pfeffer und Kumin würzen. Mit Olivenöl begießen, mischen.
- Kalt oder lauwarm servieren.

Zaalouk

Auberginencreme

Zutaten für 6 Personen:

1 kg Auberginen
3 Tomaten
2 Knoblauchzehen
5 EL Olivenöl
1 TL Paprikapulver
1 TL Salz
1 TL schwarzer Pfeffer
Saft von 1/2 Zitrone
1/2 Zitrone zum Garnieren
schwarze Oliven zum Garnieren

- Auberginen auf einem Blech im Backofengrill etwa 40 Min. lang rösten, ab und zu wenden. Abkühlen lassen, Haut abziehen und Stiele entfernen. Mit einer Gabel grob zerdrücken.
- Tomaten schälen, entkernen und in kleine Würfel schneiden, Knoblauch pressen.
- Öl in einer Pfanne bei schwacher Hitze erwärmen. Auberginen, Tomaten und Knoblauch anbraten. Paprikapulver, Salz, Pfeffer und Zitronensaft dazugeben und etwa 30 Min. dünsten, gelegentlich umrühren.
- Mit Zitronenecken und schwarzen Oliven dekorieren.
- Kalt servieren.

Chlada dial hams

Kichererbsensalat mit Kumin

Zutaten für 6 Personen:

250 g frische Kichererbsen
2 TL Salz
4 kleine frische Zwiebeln (oder 1 große Zwiebel)
1 Knoblauchzehe
1 Tomate
4 violette Oliven
Saft von 1/2 Zitrone oder 1 EL Essig
1/4 TL Pfeffer
1/2 TL Kumin*
2 EL Olivenöl

- Kichererbsen am Vortag in 400 ml Wasser mit 1 TL Salz einweichen.
- Kichererbsen abtropfen lassen und mit 1 l kochendem Salzwasser in einem Topf etwa 1 Std. (oder etwa 20 Min. im Schnellkochtopf) kochen. Zwiebeln und Knoblauch sehr fein hacken. Tomate schälen, entkernen und in kleine Würfel schneiden. Oliven entkernen und in ganz kleine Stücke schneiden.
- Zwiebeln, Knoblauch, Tomate, Salz, Zitronensaft oder Essig, Pfeffer, Kumin und Öl in einer Schüssel mischen. Kichererbsen dazugeben und nochmals gut mischen.
- Gekühlt servieren.

Maruziya

Lamm mit Rosinen und Honig

- Salz, Pfeffer, Safran, Ras el Hanout und 100 ml Wasser in einer Schale verrühren. Lammfleisch mit der Hälfte dieser Mischung bestreichen.
- Zwiebeln schälen und reiben.
- Fleischstücke in einem gusseisernen Topf mit Öl und 300 ml Wasser, Zwiebeln, Smen oder gesalzener Butter und geschälten Mandeln etwa 45 Min. bei schwacher Hitze schmoren lassen.
- Inzwischen Rosinen in lauwarmem Wasser quellen und dann abtropfen lassen. Mit der anderen Hälfte der Gewürzmischung vermengt nach etwa 45 Min. Garzeit zum Fleisch geben, nach weiteren 20 Min. Honig dazugeben und auf schwacher Hitze weiterschmoren lassen, bis die Mandeln und Rosinen karamellisiert sind.
- Warm servieren, Mandeln und Rosinen um das Fleisch verteilen.

Zutaten für 6 Personen:

½ TL	Salz
	Pfeffer
1 Msp.	Safranfäden
2 TL	Ras el Hanout*
1 kg	Lammfleisch (aus der Keule), kleingeschnitten
2	Zwiebeln
2 EL	Erdnussöl
1 EL	Smen* oder gesalzene Butter
150 g	geschälte Mandeln
300 g	getrocknete Rosinen
100 g	flüssiger Honig

Briouattes bel kefta

Fleischtaschen

Zutaten für 6 Personen:

1	kleine Zwiebel
1	Bund Koriander
1	Bund glatte Petersilie
200 g	Hackfleisch
1 Msp.	Zimt
½ TL	Pfeffer
1 TL	Salz
2	Eier
6	Blätter Brickteig*
2 EL	Erdnussöl

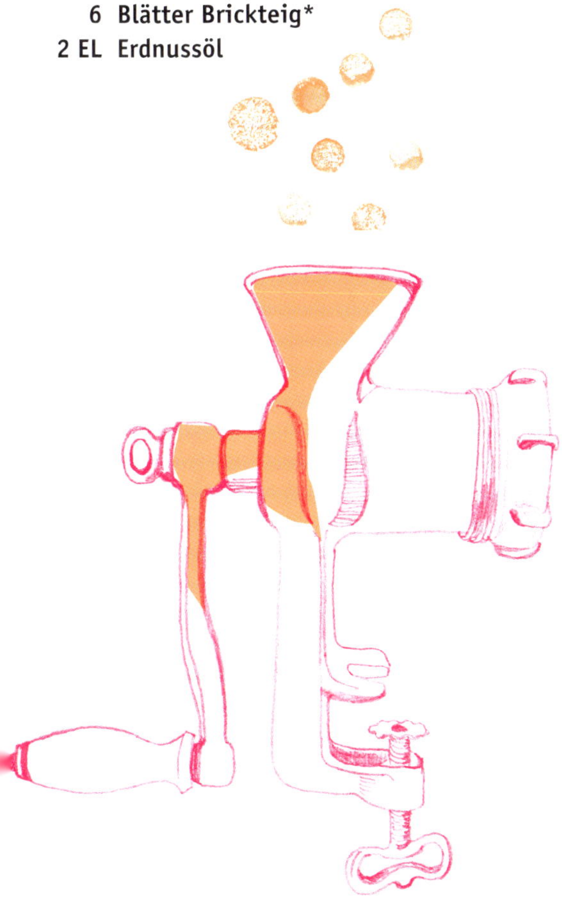

- Zwiebeln, Koriander und Petersilie fein hacken. Mit dem Fleisch vermengen. Zimt, Pfeffer, Salz und Eier mit der Masse verkneten.
- Jedes Teigblatt in vier gleich lange und etwa 7 cm breite Streifen schneiden.
- Auf ein Streifenende ein walnussgroßes Stück Füllung geben.
- Den Streifen so über die Füllung legen, dass ein Dreieck entsteht.
- Leicht andrücken und im rechten Winkel umschlagen. So fortfahren, bis der Streifen aufgebraucht ist.
- Um die Teigtasche zu schließen, Streifenende wie bei einem Briefumschlag in die Öffnung stecken.
- Wenn alle Zutaten verarbeitet sind, die Briouattes ein paar Min. in der Pfanne braten, bis sie goldgelb sind.
- Warm servieren.

Harira bel karouia

Bohnensuppe mit Wildem Kümmel

Zutaten für 6 Personen:

100 g frische Kichererbsen
250 g Lammfleisch oder Hühnerklein
3 Zwiebeln
1 Bund glatte Petersilie
1 kleiner Markknochen
1 EL Linsen
100 g getrocknete Saubohnen (ohne Schale)
1 Stange Sellerie
1 TL Salz
1 TL frisch gemahlener schwarzer Pfeffer
1 Zimtstange
1 TL Ingwer
1 TL Paprikapulver
1 TL Kumin*
1 TL Kurkuma*
½ TL Kebbaba (Kubebenpfeffer)*
8 Tomaten
1 Bund Koriander
1 gehäufter TL Wilder Kümmel*

Für die Tadouira:

200 g Mehl
1 TL Zitronensaft oder Essig (wahlweise 2 TL Zitronensaft oder Essig)

Als Beilage:

Zitronenviertel
Datteln

- Eine Tadouira (Mischung zum Andicken) 48 Std. vorher zubereiten: Mehl in 600 ml Wasser auflösen, ohne dass sich Klumpen bilden. Zitronensaft oder Essig dazugeben und an einem warmen Ort (in der Nähe des Herdes oder einer Heizung) ruhen lassen. Die Tadouira kann auch 1 Std. vorher zubereitet werden, indem man 1 weiteren EL Zitronensaft oder Essig hinzufügt.
- Am Vortag frische Kichererbsen in 500 ml kaltem Salzwasser einweichen.
- Die Harira: Fleisch in kleine Würfel schneiden. Zwiebeln schälen und reiben. Petersilie hacken.
- Im unteren Teil eines Couscoustopfes oder in einem tiefen Topf Fleischwürfel oder ganze Innereien, den Markknochen, Zwiebeln, Kichererbsen, Linsen, Bohnen, Petersilie, Sellerie, Salz und Pfeffer verteilen. Mit Zimtstange, Ingwer, Paprikapulver, Kumin, Kurkuma und Kebbaba würzen. Mit Wasser bedecken, zum Kochen bringen und etwa 1½ Std. köcheln lassen.
- Inzwischen Tomaten schälen, entkernen und pürieren. Koriander fein hacken.
- Wenn die Kichererbsen weich sind (sie dürfen zwischen den Zähnen nicht mehr knacken), Tomatenpüree, Koriander und Kümmel hinzufügen. Weitere 5 Min. einkochen lassen.
- Vom Feuer nehmen, Zimtstangen herausnehmen und Tadouira dazugeben. Mit einem großen Kochlöffel gut mischen und wieder auf den Herd stellen. Nach kurzem Aufkochen bei mittlerer Hitze etwa 5 Min. unter ständigem Rühren kochen lassen, damit nichts ansetzt.
- In eine Suppenschüssel gießen und anschließend in kleinen Schalen servieren. Dazu Zitronenviertel und Datteln reichen.

Knaffa: bastilla bel´hlib

Milchpastete

- Mandeln in einer Pfanne mit Öl bräunen, abtropfen lassen, auf Küchenkrepp trocknen und zerstoßen. Mit Zucker mischen.
- Jeweils zwei Teigblätter in einer Pfanne mit Butter goldgelb braten.
- Milch und Orangenblütenwasser in einem Topf leicht erwärmen.
- Die ersten beiden Teigblätter auf einen Teller legen und mit der Zucker-Mandel-Mischung bestreuen. Mit je 1 Teigblatt bedecken und erneut mit der Mischung bestreuen. Weitere 4 Teigblätter bestreuen, bis die Zutaten aufgebraucht sind; jeweils obenauf 1 Teigblatt legen.
- Vor dem Servieren mit lauwarmer Milch und Orangenblütenwasser übergießen.

Zutaten für 6 Personen:

500 g	geschälte Mandeln
2 EL	Erdnussöl
150 g	Zucker
12	Blätter Brickteig*
100 g	Butter
500 ml	Milch
½ EL	Orangenblütenwasser

Brickteig

Leïla

Leïla aus Niamey, der Hauptstadt Nigers, empfängt ihre Gäste mit Weihrauchduft. In ihrer Küche mischen sich Gerüche, Farben und Gewürze, die alle Sinne betören. Ihre Geschicklichkeit und die Verarbeitung der Zutaten mit den bloßen Händen sprechen von der Lebendigkeit einer Tradition, in der die Berührung eine besonders wichtige Rolle spielt. Leïla ist eine Djerma und gehört damit zu einer der größten Ethnien in ihrer Heimat. Ob Haussa, Fulbe, Tuareg oder Djerma, sie alle haben kulinarische Besonderheiten zu bieten. Während ihrer Kindheit, die sie zusammen mit sieben Geschwistern verbrachte, wurde Leïla von ihrer Mutter weniger durch Worte als durch Gesten in die traditionelle Kochkunst eingeweiht.

Niger

Leïla verbringt einen Großteil des Tages in der Küche. Sie lässt das Essen köcheln, löscht das Feuer, entfacht es wieder. Allmählich steigen einem die köstlichsten Düfte in die Nase. Der Tradition ihrer Heimat folgend, kocht Leïla vor allem nach Gefühl, sie verlässt sich auf ihr Auge und ihren Gaumen. Immer wieder kostet sie die Sauce der Okraschoten oder des *Dunguri da mô*, gibt mal ein Glas Wasser, mal ein Gewürz dazu, verstärkt oder verringert die Hitze. Leïla jongliert förmlich zwischen den Töpfen, bereitet alle Speisen gleichzeitig zu. Sie zögert nur, wenn man sie bittet, ihre Rezepte schriftlich festzuhalten und die Mengen der Zutaten genau zu beziffern. Das widerspricht ihrer Tradition, in der alles mündlich übermittelt wird. Rasch kehrt Leïla zu dem zurück, was sie liebt: das Berühren des Teigs, die Auswahl der Zutaten. Sie knetet den *Copto* und schüttelt kräftig die Mischung aus Hirse, Baobabpulver, Trockenkäse, Kräutern und Milch, um das Dessert zuzubereiten. Handreichungen, die sie bei anderen gesehen und seit frühester Kindheit gelernt hat. Sie bestreut alle Gerichte mit Pottasche, ein Pulver, das in Niger wegen seiner beruhigenden Wirkung vor allem bei Bauchschmerzen geschätzt wird. Nach der Entbindung nehmen es die Frauen eine Woche lang bis zur Taufe des Kindes ein. Das Ritual jeder Mahlzeit ist unveränderlich: Alle Speisen werden gleichzeitig aufgetragen, Frauen und Kinder essen auf der einen Seite des Zimmers, die Männer auf der anderen, sie alle sitzen vor einer Matte oder, wie in den arabischen Familien, an einem niedrigen Tisch. Jeder nimmt sich direkt vom Teller und isst mit der Hand.

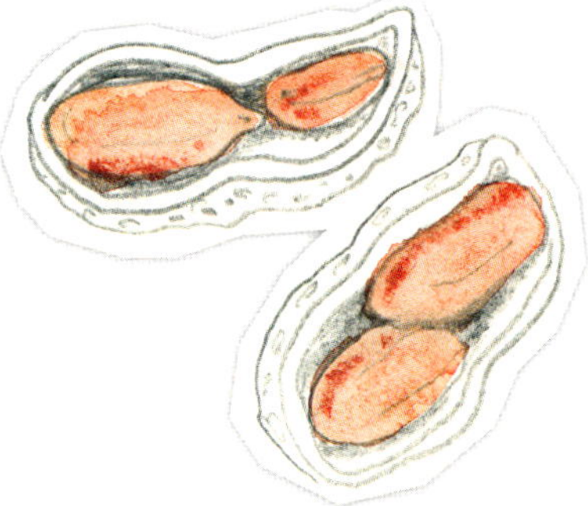

Copto

Murungasalat

Zutaten für 4 Personen:

- 2 Schälchen mit getrockneten Murungablättern*
- ½ Zwiebel
- 1 Tomate
- 1 TL Chilipulver*
- 1 Hühnerbrühwürfel
- Salz
- 2 EL Erdnussbutter

- Murungablätter in einem Topf mit Wasser bedecken und bei starker Hitze etwa 10 Min. zu Brei kochen. Wasser mit den Händen auspressen.
- Zwiebel in Scheiben schneiden und mit der grob gewürfelten Tomate in eine Schüssel geben. Chilipulver, zerriebenen Brühwürfel, Salz und Erdnussbutter untermischen. Mit 4 EL Wasser anfeuchten und gut verrühren.
- Murungabrei hinzufügen und erneut mischen.
- Sofort servieren.

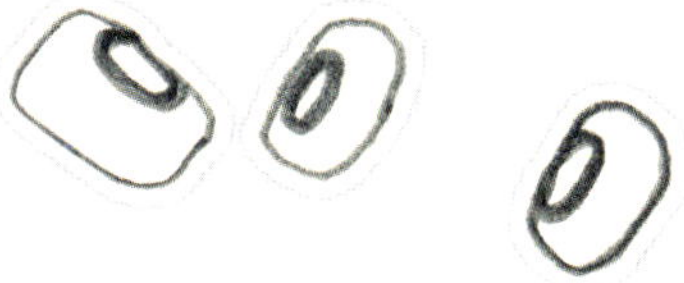

Dunguri da mô

Reis mit Schwarzaugenbohnen

- Die Sauce: Zwiebel fein hacken. Öl in einem Kochtopf erhitzen, Rindfleischstücke und Zwiebel anbraten. Salzen und bei schwacher Hitze etwa 50 Min. schmoren lassen. Dann Tomatenmark und ½ Tasse Wasser, Kumin, Pfeffer, Zimt und den zerriebenen Brühwürfel dazugeben, umrühren. Abdecken und weitere 15 Min. bei schwacher Hitze schmoren lassen.
- Bohnen in 4 Tassen kochendes Wasser geben und etwa 15 Min. kochen, dann 2 Tassen kaltes Wasser, Reis und Steinsalz hinzufügen. Umrühren, abdecken und aufkochen lassen. Hitze reduzieren und etwa 30 Min. köcheln lassen.
- Reis und Bohnen auf einem Teller mit der Sauce servieren.

Zutaten für 4 Personen:

1 Tasse getrocknete Schwarzaugenbohnen* (ca. 100 g)
2 Tassen Reis (ca. 200 g)
1 kleines Stück Steinsalz* (afrikanische Händler nennen es Pottasche)

Für die Sauce:

1 Zwiebel
1 EL Erdnussöl
500 g Rindergulasch
1 TL Salz
2 EL Tomatenmark
½ EL Kumin*
½ EL Pfeffer
½ EL Zimt
1 Hühnerbrühwürfel

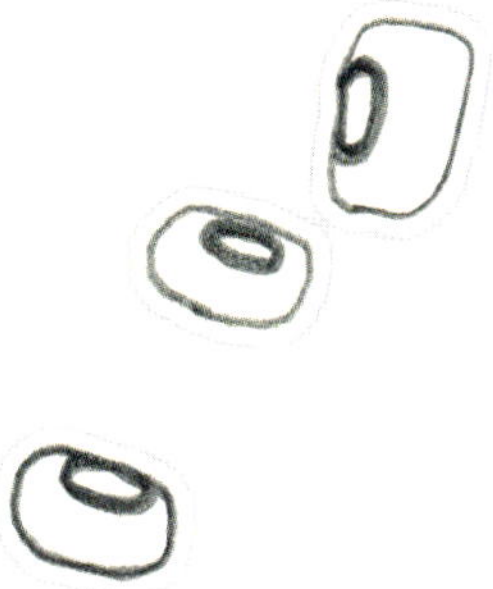

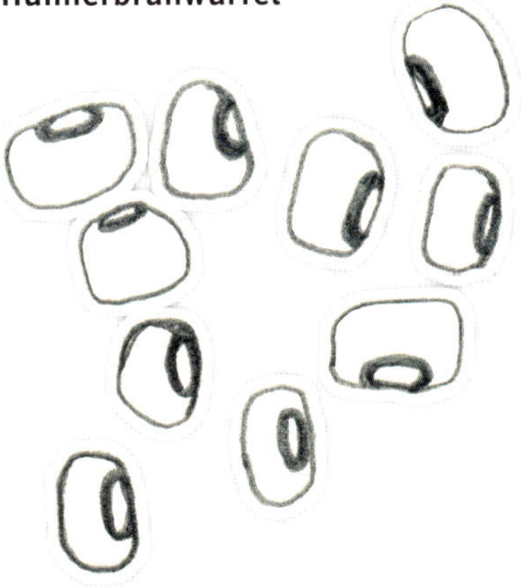

Tuwo

Fester Hirsebrei

Zutaten für 6 Personen:

- 4 EL Hirsemehl
- 1 kleines Stück Steinsalz* (afrikanische Händler nennen es Pottasche)
- ½ Schälchen Baobabpulver*

- 300 ml Wasser auf das Hirsemehl gießen und mit der Hand verkneten. 500 ml Wasser zum Kochen bringen, Mischung hineingeben und bei schwacher Hitze kräftig rühren, bis ein fester Brei entsteht.
- Inzwischen ein Stück Steinsalz in etwas Wasser auflösen, zu dem Brei geben und umrühren. Abdecken, bei schwacher Hitze etwa 5 Min. köcheln lassen, dann Baobabpulver dazugeben und umrühren, bis der Brei glattgerührt ist. Weitere 10 Min. köcheln lassen.
- Warm servieren.

La foye taiyo

Okraschoten mit Fleisch und Fisch

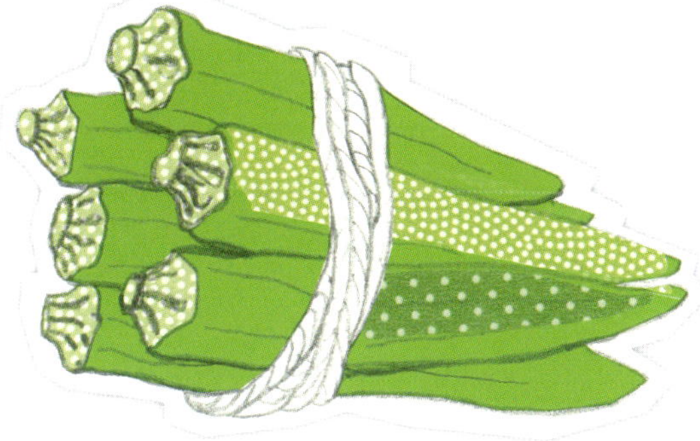

- Zwiebel und Tomaten (mit Kernen) in kleine Würfel schneiden.
- Öl in einer Pfanne erhitzen, bei starker Hitze Fleisch und Zwiebel anbraten, salzen und abdecken. Nach etwa 5 Min. Tomaten dazugeben. Abdecken, Hitze reduzieren und weitere 5 Min. schmoren lassen, Fleisch ab und zu umrühren. Mit schwarzem Pfeffer und Kumin würzen, weitere 5 Min. schmoren lassen. 400 ml Wasser dazugeben. Nach etwa 5 Min. zerriebenen Brühwürfel dazugeben. Nach weiteren 15 Min. Fleisch herausnehmen und auf einem Teller beiseitelegen. Sauce im Topf umrühren.
- Inzwischen Okraschoten und Fisch vorbereiten. Schoten waschen, Stielansätze abschneiden, Schoten in Scheiben von 1 cm Dicke schneiden. Fisch ohne Haut und Gräten in etwa 10 cm lange und 3–4 cm breite Streifen schneiden.
- Fisch in den Schmortopf zum Fleischsud legen und Sumbala dazugeben. Gut verrühren, mit 800 ml Wasser aufgießen und bei starker Hitze etwa 10 Min. kochen lassen. Okraschoten dazugeben, abdecken und bei schwacher Hitze etwa 5 Min. garen. Deckel abnehmen, weitere 30 Min. bei schwacher Hitze köcheln lassen. Nach 5 Min. Steinsalz, nach weiteren 10 Min. Palmöl dazugeben. Gelegentlich umrühren.
- Auf den Teller eine etwa 5 cm dicke Schicht Tuwo geben, Fleisch, Fisch und Okraschoten darauf anordnen und mit Chilischoten garnieren.

Zutaten für 6 Personen:

1	Zwiebel
2	Tomaten
	Sonnenblumenöl zum Braten
2 kg	Rindernackenfleisch, in große Stücke geschnitten
	Salz
	frisch gemahlener schwarzer Pfeffer
1 EL	Kumin*
1	Hühnerbrühwürfel
800 g	große Okraschoten*
300 g	geräucherter Viktoriaseebarsch*
1 TL	Sumbala*
½ TL	Steinsalz* (afrikanische Händler nennen es Pottasche)
3 EL	rotes Palmöl*
2	Chilischoten* zum Garnieren

Als Beilage:
Tuwo

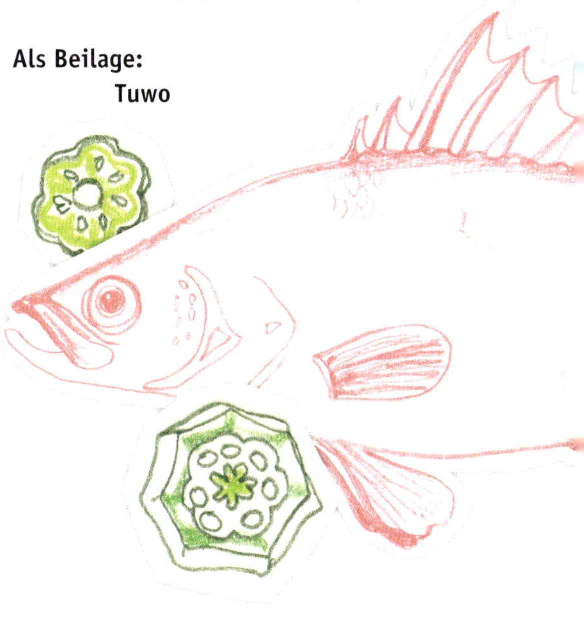

Donu

Hirsecreme

- Hirsemehl mit Baobabpulver, Tchoukou, Pfeffer, Kumin und Zimt mischen.
- Dickmilch und Zucker (nach Geschmack) oder Trinkjoghurt dazugeben.
- Gut mischen und 30 Min. im Kühlschrank kalt stellen.
- Gekühlt servieren.

Zutaten für 4 Personen:

100 g	Hirsemehl
100 g	Baobabpulver*
100 g	getrockneter Tchoukou*
½ EL	Pfeffer
½ EL	Kumin*
½ EL	Zimt
750 g	Dickmilch + 2 EL Zucker oder 750 g Trinkjoghurt mit Vanillegeschmack

BOSCH
30 Min.

Aïcha

Aïcha wurde in Louga, zweihundert Kilometer nördlich von Dakar, geboren. Ihr Vater ist Mauretanier, die Mutter Senegalesin. 15 Jahre arbeitete Aïcha in einem Restaurant, heute widmet sie sich der Herstellung afrikanischer Kleidung. Sie kocht noch immer sehr gern, aber ihre Künste bleiben ihrer Familie und den Freunden vorbehalten. In der kleinen Küche neben ihrer Boutique bereiten sie und ihre Schwestern jeden Tag die köstlichen Speisen zu, die ihre Eltern oder vorbeikommende Freunde zu schätzen wissen. Man findet sich bei Aïcha ein, um zu essen, zu diskutieren, um Tee oder Kaffee zu trinken. So verbringt sie ihre Tage zwischen Kochherd und Töpfen, Kleidern und Stoffen, aber immer mit vertrauten Menschen.

Senegal

Im Senegal besteht die Mahlzeit aus einem einzigen Gericht aus Gemüse, Fleisch oder Fisch mit Reis oder Hirse. Für viele Senegalesen ist *Thiboudienne*, ein farbenprächtiges, duftendes, würziges Gericht, die Nationalspeise, aber auch *Mafe* und *Yassa* mit Huhn werden täglich gegessen. Oft gibt es Fisch oder Huhn, beides ist im Senegal nicht teuer, aber wenn das Geld besonders knapp wird, muss man sich manchmal mit Milchreis begnügen. Zum Essen wird eine Matte auf dem Boden ausgerollt und man setzt sich direkt um die Schüssel, jeder nimmt sich und isst mit der Hand. Am Ende der Mahlzeit wird der sogenannte Dreifachtee serviert. Es ist ein chinesischer Grüntee, den man dreimal aufgießt: Zuerst ist er besonders stark, dann wird er mit Minze gewürzt und beim dritten Mal mit viel Zucker. Kaffee gibt es nur zum Frühstück. Wer noch nicht satt ist, bekommt Krapfen oder andere süße und salzige Naschereien, die zu jeder Tageszeit zum Tee gereicht werden. Feste Essenszeiten gibt es nicht.

Gastfreundschaft und die Bereitschaft zum Teilen sind im Senegal heilige Werte. Bei religiösen Festen wie dem Ende des Ramadan, dem Schaffest zu Ostern oder dem Ende des Mondjahres verlangt es die Tradition, dass jede Familie mit extra zubereiteten Speisen die Nachbarn besucht. Man klopft an die Tür und überreicht die Töpfe mit den verschiedensten Köstlichkeiten. Diese Sitte ist typisch für Länder, in denen jene, die wenig haben, mit denen teilen, denen es an allem fehlt. Für uns ist das eine schöne Lektion in afrikanischer Menschlichkeit.

Pastels

Fleischtaschen

- Die Füllung: Knoblauch und Zwiebeln schälen und in feine Scheiben schneiden. Petersilie hacken. Öl in der Pfanne erhitzen und Fleisch mit Zwiebeln, Knoblauch, Petersilie und 1–2 EL Wasser bei schwacher Hitze andünsten. Umrühren. Senf dazugeben und bei schwacher Hitze weiterdünsten, ab und zu umrühren. Salzen und pfeffern. Wenn die Füllung nach etwa 10 Min. gar ist, Pfanne vom Feuer nehmen.
- Der Teig: Mehl, Hefe, Ei, Butterflöckchen, Milch und Salz gründlich verkneten, bis ein glatter Teig entsteht. Diesen zu einer Kugel formen und etwa 2 mm dünn ausrollen. In Quadrate mit einer Seitenlänge von 10 cm schneiden.
- Etwas Füllung in die Mitte eines jeden Quadrats geben, Quadrat einmal falten, so dass ein Rechteck entsteht, Ränder mit Wasser anfeuchten und mit der Gabel zusammendrücken, damit die Tasche fest geschlossen bleibt.
- In einem Topf Erdnussöl erhitzen. Taschen im Topf bei schwacher Hitze 4–5 Min. backen, bis sie goldgelb sind. Auf Küchenkrepp abtrocknen.
- Heiß, lauwarm oder kalt servieren.

Zutaten für 10 Personen:

Für die Füllung:
- ½ Knoblauchzehe
- 3 Zwiebeln
- 1 Bund Petersilie
- 1 EL Erdnussöl
- 1 kg Rinderhackfleisch
- 2 EL Senf
- Salz
- Pfeffer

Für den Teig:
- 1 kg Mehl
- 1 Päckchen Hefe
- 1 Ei
- 50 g zimmerwarme Butter
- 250 ml Milch
- 1 Msp. Salz

Zum Frittieren:
- 1 l Erdnussöl

Thieboudienne

Reis mit Fisch

Zutaten für 10 Personen:

- 3 kg Thiof* (tiefgefroren) oder Zackenbarsch
- 1 Stück Yeet* (ohne Schale, ca. 100 g)
- 2 Zwiebeln
- 11 Knoblauchzehen
- 1 l Sonnenblumenöl
- 1 große Dose Tomatenmark (880 g)
- Salz
- 1 Bund Petersilie
- 1 Kohl (1 kg)
- 6 Karotten
- 1 Aubergine
- 1 Diakhatou*
- 1 kleine Maniokwurzel* (500 g)
- 3 scharfe Chilischoten*
- 100 g Beur* (oder Zackenbarsch oder getrockneter Barracuda)
- 1 TL Pfefferkörner
- 7 Gemüsebouillonwürfel
- 2 kg Bruchreis

- Thiof auftauen und in große Stücke von jeweils etwa 800 g schneiden; Kopf wegwerfen, abschuppen. Thiofstücke und Yeet sorgfältig mit warmem Wasser waschen und abtropfen lassen.
- 1 Zwiebel und 4 Knoblauchzehen zusammen zerdrücken.
- Sonnenblumenöl in einem großen Topf erhitzen. Yeet darin bei starker Hitze etwa 5 Min. braten. Zwiebel, Knoblauch und Tomatenmark dazugeben, gut mischen. Mit 1 EL Salz würzen, etwa 10 Min. bei starker Hitze weiterbraten, gelegentlich umrühren. 3 l kaltes Wasser in den Topf gießen und weitere 10 Min. kochen.
- Inzwischen Petersilie entstielen und Blätter ein paar Min. in Wasser einweichen. Kohl in breite Streifen schneiden, Karotten schälen, aber nicht zerschneiden, Aubergine und Diakhatou in große Würfel schneiden. Maniok schälen und in zwei etwa 10 cm lange Stücke schneiden. Gemüse und Chilischoten in einer großen Schüssel mit kaltem Wasser waschen. Beur schuppen und in kaltem Wasser einweichen.
- Kohl und Karotten in den Topf mit dem Yeet geben, nach etwa 5 Min. Beur hinzufügen und weitere 10 Min. kochen lassen.
- Petersilie und 5 Knoblauchzehen hacken, mit Pfefferkörnern, 1 Chilischote und ½ TL Salz mischen. In jedes Thiofstück mit dem Finger zwei Löcher bohren. Jedes Loch mit 1 TL dieser Mischung füllen.
- Thiof in den Topf geben, dann Aubergine, Diakhatou und die anderen beiden Chilischoten hinzufügen. 4 zerriebene Brühwürfel darüberstreuen. Nach etwa 5 Min. Hitze reduzieren. Aufpassen, dass nichts am Topfboden ansetzt! Nach etwa 45 Min. Maniok dazugeben, dann weitere 1½ Std. köcheln lassen, gelegentlich umrühren.
- Inzwischen den Reis zubereiten: Reis in eine Schüssel geben, mit viel Wasser waschen und abtropfen lassen. In einem Couscoustopf etwa 12 Min. dämpfen, ab und zu umrühren. Nicht salzen.
- Die letzten beiden Knoblauchzehen und die zweite Zwiebel kleinhacken und mit 2 Brühwürfeln vermengen.
- Gargekochten Thiof mit etwa ½ Glas Flüssigkeit aus dem Topf nehmen, beiseitestellen. Yeet und Gemüse im Topf lassen.
- Knoblauch-Zwiebel-Mischung dazugeben, Hitze verstärken. Den letzten zerriebenen Brühwürfel und ½ TL Salz dazugeben und umrühren. Reis in den Topf schütten, gut umrühren und etwa 5 Min. bei mittlerer Hitze kochen, dann Hitze wieder reduzieren. Etwa 40 Min. köcheln lassen. Dann die restliche Flüssigkeit aus dem Topf mit Yeet und Gemüse dazugeben und umrühren. Weitere 10 Min. köcheln lassen.
- Vor dem Servieren den Reis in einer großen Schale verteilen und die Fisch- und Gemüsestücke darauf anordnen. Jeder bedient sich aus der Schale.

Thiakri

Süße Hirsespeise

Zutaten für 6 Personen:

	Couscoustopf
250 g	Hirsemehl
250 g	Zucker
100 g	Butter
500 ml	Milch
12	Becher Naturjoghurt
175 g	ungesüßte Kondensmilch
2	Päckchen Vanillezucker oder
	3 EL Orangenblütenwasser oder
	1 EL getrocknete Rosinen

- Im unteren Teil eines Couscoustopfes 1 l Wasser zum Kochen bringen. Hirsemehl anfeuchten, zu kleinen Kugeln formen, in den Aufsatz des Topfes legen und etwa 5 Min. im Wasserdampf garen. Zucker dazugeben, umrühren und weitere 4–5 Min. dämpfen. In Stücke geschnittene Butter unterrühren, bis sie geschmolzen ist. Milch, Joghurt und Kondensmilch dazugießen, mit Vanillezucker (oder Orangenblütenwasser oder Rosinen) süßen. Gut umrühren. Auf Raumtemperatur abkühlen lassen, dann mindestens 1 Std. in den Kühlschrank stellen.
- Gekühlt servieren.

Café touba

Senegalesisches Kaffeegetränk

Zutaten:

1 kg	Kaffeebohnen
250 g	Gewürznelken

- In einer Pfanne Kaffeebohnen und Nelken bei mittlerer Hitze etwa 15 Min. rösten, bis Kaffee und Nelken duften. Beides zerstampfen oder mahlen.
- Dann Kaffee wie gewohnt zubereiten.
- Diese Mischung kann man in einer luftdichten Verpackung bei Raumtemperatur aufbewahren.

MILCH
JOGHURT

Sonia

Für Sonia ist ein mauritisches Mahl – die Zubereitung ebenso wie das Essen – ein Fest, das sie am liebsten mit der Familie oder mit Freunden feiert. Von ihren kreolischen und indischen Vorfahren hat sie die Begabung geerbt, antillanische und mauritische Gewürze im richtigen Verhältnis zu mischen und den Speisen die Schärfe zu geben, die sie besonders mag. Früher hat Sonia nie gekocht, mit der Zeit sind jedoch ihre Kindheitserinnerungen erwacht – und mit ihnen die Erinnerung an die Düfte und Geschmacksnoten ihrer Heimat. Ihr ist alles wieder eingefallen, was sie in der Küche ihrer Eltern beobachtet hatte. »Es ist das Unterbewusstsein«, erklärt Sonia ihr Geheimnis, in das sie uns augenzwinkernd einweiht.

Mauritius

Sonias Menü besteht aus Alltagsgerichten, die sie um einige festliche Rezepte erweitert. Das am meisten verbreitete Gericht, *Achard*, isst man zu jeder Tageszeit. Sonia kocht die Karotten zwar in Wasser, aber auf Mauritius lässt man sie oft einfach in der Sonne garen. Wie viele Mauritier isst Sonia *Achard* besonders gern zum Tee, mit Brot oder *Tipuri*, die sie selbst zubereitet. Ein Fischcurry hingegen ist etwas Festliches. Man serviert ihn oft bei Hochzeiten in Hindu-, Kreolen- oder Moslemgemeinschaften am dritten und letzten Tag der Hochzeitsfeierlichkeiten, wenn der Mann die Braut mit zu sich nimmt. Nach der Tradition isst man den Curry von Bananenblättern.

Bei manchen Gerichten dauert die Zubereitung mehrere Stunden. Oft verbringt die Köchin sogar den ganzen Tag am Herd, aber sie ist nie allein, sondern umgeben von Freundinnen, Schwestern, Cousinen ... und unendlich vielen Gewürzen. Die Stars in der Küche sind Zwiebel, Knoblauch und Ingwer, der Sonderpreis geht an die Chilischote. Die Zwiebel ist übrigens für die Männer gedacht, damit sie schöne Kinder zeugen! Sonias Leidenschaft gehört den Chilischoten, die ihr nie scharf genug sein können. Das ist wohl eine nationale Leidenschaft, denn die Mauritier vergessen nie, eine Chilischote einzustecken, bevor sie ins Restaurant gehen. Es könnte dort ja an Schärfe fehlen!

Achard

Gebratene Gemüsestreifen mit Gewürzen

Zutaten für 4 Personen:

1	kleiner Kohlkopf (350 g)
400 g	Karotten
300 g	grüne Bohnen
	Salz
	Erdnussöl
2	rote Zwiebeln
1	Knoblauchknolle
1	walnussgroßes Stück Ingwer
	Pfeffer
1	Päckchen Gewürze für Achard (ca. 30 g) (oder 3 getrocknete rote Chilischoten* + 3 EL körniger Senf + 100 g gemahlener Kurkuma*)
1 TL	Weinessig

Als Beilage:
Tipuri

- Kohl, Karotten und Bohnen in feine Streifen schneiden. Nacheinander in einem Topf mit Salzwasser kochen (Kohl und Bohnen 2–3 Min., Karotten 4–5 Min.).
- Öl in der Pfanne erhitzen. Zwiebeln fein würfeln, Knoblauch und Ingwer zerdrücken, im heißen Öl anschwitzen. Salzen und pfeffern. Die Achard-Gewürzmischung dazugeben oder zerdrückte Chilischoten, Senf und Kurkuma mit 4 EL Wasser zu einer Paste verrühren und in die Pfanne geben. Alles gut mischen. Essig dazugießen und 3–4 Min. dünsten, nicht anbraten lassen!
- Kohl, Bohnen und Karotten hinzufügen. Weitere 5 Min. braten, häufig umrühren.
- Kalt mit Tipuri servieren.

Tipuri

Weizenfladen

Zutaten für circa 25 Fladen:

500 g Mehl
1 Msp. Zucker
1 Msp. Salz
Erdnussöl zum Braten

- 500 ml Wasser zum Kochen bringen. Mehl, Zucker und Salz in eine Schüssel geben, eine Mulde formen und das heiße Wasser hineingießen. Mit einem Kochlöffel verrühren, dann mit den Händen zu einem glatten Teig verkneten.
- Kleine Teigkugeln von etwa 5 cm Durchmesser formen, mit der Hand plattdrücken, mit Öl befeuchten, erneut zu Kugeln formen und auf ein mit Mehl bestäubtes Blech legen. Teigkugeln 10–15 Min. ruhen lassen, dann mit der Hand zu ½ cm dicken Fladen von etwa 15 cm Durchmesser flachdrücken.
- Öl in einer Pfanne stark erhitzen. Fladen etwa 30 Sek. von jeder Seite bräunen, dann auf Küchenkrepp legen.
- Tipuri werden heiß oder lauwarm gegessen.

Carrie de poisson

Fischcurry

Zutaten für 4 Personen:

1,5 kg	Viktoriaseebarsch*
2 EL	Weinessig
	Salz
	Pfeffer
	Erdnussöl zum Anbraten
4	kleine Auberginen
4	Tomaten
2	rote Zwiebeln
1	Knoblauchknolle
1	walnussgroßes Stück Ingwer
80 g	Currypulver
8	grüne Chilischoten*
3–4	Curryblätter
1 EL	frischer Koriander

Als Beilage:

Pilaw-Reis und Chatini

- Viktoriaseebarsch in Scheiben schneiden und in einer Marinade aus Essig, Salz und Pfeffer in einer Schüssel 15–30 Min. bei Raumtemperatur ruhen lassen.
- Öl in der Pfanne stark erhitzen, Fischstücke etwa 5 Min. von jeder Seite scharf anbraten. Abtropfen lassen und beiseitelegen.
- Auberginen waschen, Stielansatz entfernen, in Längsrichtung aufschneiden und salzen, damit sie Wasser ziehen. Etwa 10 Min. bei starker Hitze im Öl braten. Abtropfen lassen und zum Fisch legen.
- Tomaten und Zwiebeln sehr klein würfeln. Knoblauch und Ingwer pressen. Erneut Öl in die Pfanne geben. Alles bei starker Hitze anbraten. Salzen und pfeffern. In einer Schale Currypulver in Wasser auflösen, bis eine Paste entsteht. Mit den grünen Chilischoten (ganz oder halbiert, je nach gewünschter Schärfe) in die Pfanne geben. Curryblätter hinzufügen und etwa 10 Min. bei schwacher Hitze dünsten.
- Fisch in dieser Sauce mitbraten. Nach 5 Min. Auberginen hineingeben und weitere 15 Min. garen. Am Ende der Garzeit mit Korianderblättern bestreuen.
- Warm mit Pilaw-Reis und Chatini servieren.

Chatini

Tomaten-Chili-Salat

Zutaten für 4 Personen:

- 3 Tomaten
- 2 grüne Chilischoten*
- ½ Zwiebel
- 1 Handvoll gehackter Koriander
- 1 TL zerdrückter Knoblauch

- **Tomaten, grüne Chilischoten und Zwiebel in kleine Würfel schneiden und mischen. Koriander und Knoblauch dazugeben. Fertig.**

Tapioka

Zutaten für 4 Personen:

5	Kardamomkörner
300 g	Tapioka*
50 g	getrocknete Rosinen
20 g	Zucker
3 EL	Mandelstifte oder
	1 EL geraspelte Kokosnuss
	Butter zum Anbräunen

- 500 ml Wasser mit den Kardamomkörnern zum Kochen bringen, Tapioka dazugeben. Sofort umrühren, damit nichts ansetzt. Rosinen einstreuen und bei reduzierter Hitze köcheln lassen. Ab und zu umrühren. Nach 3–4 Min., wenn das Tapioka durchsichtig wird, Zucker dazugeben und weitere 6–7 Min. bei schwacher Hitze unter Umrühren köcheln lassen, bis die Masse fester wird und die Konsistenz von Milchreis annimmt.
- In einer Pfanne die gestiftelten Mandeln in Butter bräunen. Tapioka in eine Schale füllen und mit den Mandelstiften (oder mit Kokosraspeln) verzieren. Im Kühlschrank abkühlen lassen.
- Kalt servieren.

3 – 4 Min.
6 – 7 Min.
+ abkühlen lassen

KAL. 30/45
250 g
48.05
NEXT 8 km

Ozeanien

GRÖSSE 53/62mm
KLASSE I
400g
L- 4101
SCHALE GEWACHST
KONSERVIERT MIT IMAZALIL

Glenda

Glenda ist in Sydney geboren. Ihr Vater ist Australier, die Mutter Engländerin. Sie ist in Bondi am Meer aufgewachsen und erinnert sich noch lebhaft an den Geschmack von *Fish and chips*, die sie am Strand kaufte und mit Blick auf den Ozean verzehrte. Ebenso lebendig ist das Bild von der langen Tafel bei ihren Eltern oder von den zahlreichen Barbecues im Garten. Immer gab es Gelegenheiten, um gemeinsam mit anderen zu essen und zu feiern. Diese Tradition setzt Glenda heute in ihrer eigenen Familie fort. Nichts tut sie lieber, als einen langen Tisch zu decken, an dem sie zusammen mit ihrem Mann und ihren fünf Kindern den Rest der Großfamilie und ihre Freunde empfängt, um mit ihnen zu schlemmen.

Australien

Dank des besonders milden Klimas gibt es in Australien stets die Chance für ein Mahl im Garten. Es ist eine alte Tradition, dass sich Freunde und Nachbarn zwanglos versammeln. Jeder bringt etwas zu essen mit, man stellt alles auf einen Tisch und bedient sich! So darf zum Beispiel *Coleslaw* in seinen unendlichen Varianten bei keinem Barbecue fehlen. Ebenso gut passt eine Auswahl an Rohkostgemüse, das mit verschiedenen Saucen gegessen wird. Zur Erinnerung an das Essen im Garten ihrer Kindheit bereitet Glenda eine Lammkeule zu, die in Australien gut durchgebraten sein muss. Aber das ist nur eine Seite der australischen Küche, deren Vielfalt von der Mischung europäischer und asiatischer Kulturen erzählt, die von den verschiedenen Immigrantengruppen mitgebracht wurden.

Zu den einheimischen Spezialitäten gehören Straußen-, Haifisch-, Krokodil- und Kängurufleisch. Haifisch bekommt man oft gebraten mit Pommes frites an den Verkaufsständen für *Fish and chips*, die zahlreich an den australischen Stränden zu finden sind.

Die *Pavlova*, die Glenda zum Nachtisch serviert, ist beinahe ein Nationalgericht, seitdem ein Hotelchef in Perth sie 1935 zu Ehren der Tänzerin Anna Pawlowa erfand, die in seinem Hotel abgestiegen war. Heute sind dieser süßen Delikatesse ganze Geschäfte gewidmet, die berühmten *Houses of Pavlova*, in denen man die köstlichen Baisers in jeder Form und mit jeder denkbaren Garnierung findet. Glendas *Pavlova* müsste sich auch in den besten Restaurants von Sydney nicht verstecken.

Salad plate

Rohkostteller

- Die Currymayonnaise: Eigelb mit einem Holzlöffel schlagen. Mit einer Hand Öl tropfenweise über die Schüsselwand dazugießen, mit der anderen Hand kräftig schlagen. Ölzugabe häufig unterbrechen, damit die Mischung emulgieren kann. Wenn das ganze Öl hineingerührt ist, muss die Mayonnaise sehr fest sein. Essig kräftig unterrühren, salzen und pfeffern. Mit Curry, Tabasco, Zitronensaft, gepresster Knoblauchzehe und gehackter Petersilie würzen, abschmecken. Vor dem Servieren kalt stellen.
- Der Avocadodip: Avocado pürieren und in einer Salatschüssel die anderen Zutaten dazugeben. Gut mischen und vor dem Servieren einige Std. kalt stellen.
- Der Gurkendip: Gurke fein raspeln, Zwiebeln hacken. Gurke und Zwiebeln mit Joghurt und zerdrücktem Knoblauch verrühren. Salzen und pfeffern und vor dem Servieren einige Std. kalt stellen.
- Das Gemüse: Gemüse waschen. Den in Röschen geteilten Blumenkohl 3–5 Min. in kochendem Salzwasser blanchieren. Abtropfen lassen. Karotten, Paprika und Sellerie in Streifen schneiden, Sellerie mehrfach längs einschneiden und in kaltes Wasser legen. Dadurch krümmen sich die Selleriestreifen und nehmen eine hübsche Form an. Champignons putzen und in Scheiben schneiden. Avocado in 2 cm dicke Scheiben schneiden und mit Zitrone beträufeln, damit sie nicht schwarz wird. Eier halbieren.
- Gemüse, Eier, die schwarzen Oliven und die Cherrytomaten auf einer Platte anordnen und mit den Saucen servieren.
- Die Gemüseplatte lässt sich mit Gurke, Spargel, Garnelen und vielem mehr ergänzen.

Zutaten für 4–6 Personen:

½	Blumenkohl
	Salz
1	Karotte
½	rote oder grüne Paprika
¼	Stange Sellerie
4	große Champignons
1	Avocado
	Saft von 1 Zitrone
3	hartgekochte Eier
6	große schwarze Oliven, entsteint
10	Cherrytomaten

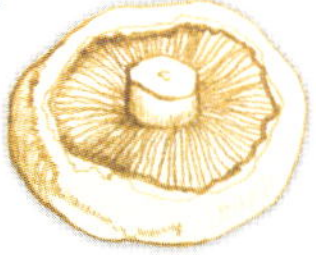

Für die Currymayonnaise:

1	Eigelb
1	Glas Erdnussöl
2 EL	Essig
	Salz, Pfeffer
1 EL	Currypulver
	einige Spritzer Tabasco
1 EL	Zitronensaft
1	Knoblauchzehe
1 EL	gehackte Petersilie

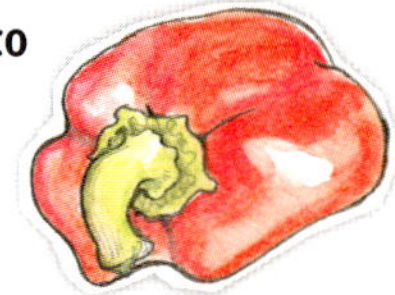

Für den Avocadodip:

1	Avocado
250 g	Mayonnaise
125 g	Crème fraîche
1 TL	Senf
1 TL	Zucker
1 EL	Brandy
2 TL	Zitronensaft
	Salz, Pfeffer

Für den Gurkendip:

1	kleine Gurke
3	frische Zwiebeln
250 g	Naturjoghurt
1	Knoblauchzehe
	Salz, Pfeffer

French garlic bread

Knoblauchbrot

Zutaten für 6 Personen:

2 Baguettes
1–2 Knoblauchzehen
250 g Butter oder Margarine
1 TL gehackte Petersilie
(je nach Geschmack)

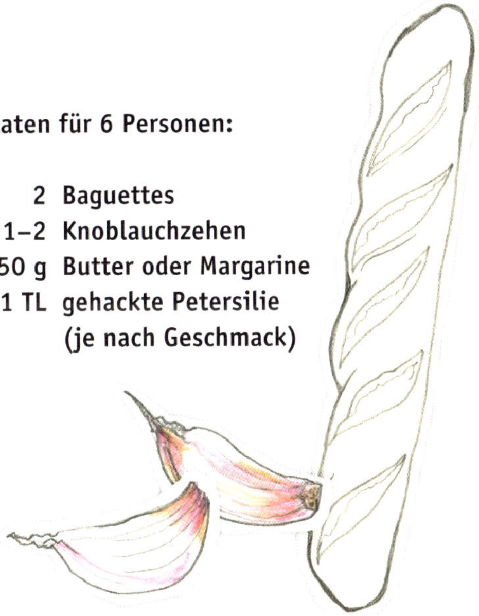

- Beide Baguettes alle 5 cm einschneiden, jedoch nicht durchschneiden. Knoblauch pressen und in einer Schale mit Butter und Petersilie verrühren. Brot auf ein Stück Alufolie legen, das groß genug sein muss, damit das Brot vollständig darin eingewickelt werden kann. In jeden Einschnitt reichlich Knoblauch-Petersilien-Butter streichen. Brot in die Alufolie wickeln, oben eine kleine Öffnung lassen.
- Etwa 10 Min. im vorgeheizten Backofen bei 210 °C (Umluft: 190 °C) backen. Das Knoblauchbrot ist fertig, wenn es etwas angebräunt und die Butter vollkommen geschmolzen ist.

Coleslaw

Krautsalat

Zutaten für 4 Personen:

½ Weißkohl (oder ¼ Weißkohl und ¼ Rotkohl)
½ grüne oder rote Paprika
2 Karotten
3 frische Zwiebeln
Saft von 1 Zitrone
2 EL Mayonnaise
(siehe Seite 166)

- Kohl und Paprika sehr fein schneiden, Karotten raspeln, Zwiebeln fein würfeln. Kohl, Paprika und Karotten erst mit Zitronensaft, dann mit Mayonnaise mischen. Nach Geschmack mehr oder weniger Zwiebelwürfel dazugeben und mindestens 2 Std. im Kühlschrank ziehen lassen.
- Gekühlt servieren. Je nach Geschmack kann das Rezept mit folgenden Zutaten ergänzt werden: 1 in Stücke geschnittener Apfel, 2 EL Rosinen, 4 in Scheiben geschnittene Radieschen, 3 in Streifen geschnittene Selleriestangen, 1 Handvoll kleingeschnittene schwarze Oliven, gehackte Petersilie und vieles mehr.

Leg of lamb

Lammkeule mit Blechkartoffeln

Zutaten für 6 Personen:

1	Keule von einem Milchlamm (1,5 kg)
3	Knoblauchzehen
	Olivenöl zum Bestreichen
	Salz
	Pfeffer
	einige Stängel Rosmarin oder
	frischer Thymian
1 kg	neue Kartoffeln oder
	500 g Süßkartoffeln + 500 g Kürbis
750 g	Silberzwiebeln, geschält

- Lammkeule mit den ganzen geschälten Knoblauchzehen spicken. Dünn mit Olivenöl bestreichen, salzen, pfeffern und mit dem größeren Teil des Rosmarins oder Thymians bestreuen.
- Keule in eine Fettpfanne legen.
- Kartoffeln unter kaltem Wasser abbürsten. Abtropfen lassen und in die Fettpfanne um die Keule legen, mit Olivenöl begießen und mit dem restlichen Rosmarin oder Thymian bestreuen. Salzen.
- Keule und Kartoffeln bei 210 °C (Umluft: 190 °C) in den vorgeheizten Backofen schieben. Nach etwa 5 Min. Hitze auf 240 °C (Umluft: 220 °C) erhöhen. Etwa 30 Min. braten lassen, Keule wenden und Zwiebeln dazugeben. Mit Bratensaft begießen. Weitere 30–40 Min. braten. Durchgebratene Keule aus dem Ofen nehmen und vor dem Aufschneiden mit Alufolie bedeckt 10 Min. ruhen lassen.
- Die Lammkeule mit den Kartoffeln und Zwiebeln servieren.

Pavlova

Fruchtbaiser

Zutaten für 4 Personen:

4 Eier (Zimmertemperatur)
200 g Zucker
½ EL gesiebtes Maizena
1 TL Zitronensaft (oder weißer Essig)
Fett für die Form

Zum Garnieren:
250 g Sahne
1 EL Puderzucker
100 g Himbeeren
250 g Erdbeeren
1 Kiwi
2 Passionsfrüchte

- Eier trennen. Eiweiß zu festem Schnee schlagen, Zucker und Maizena dazugeben, dabei weiterschlagen. Zuletzt Zitronensaft hinzufügen.
- Runde Form (∅ 30 cm) einfetten und mit Backpapier auslegen. Eiweiß in die Form gießen und im vorgeheizten Backofen bei 120 °C (Umluft: 100 °C) etwa 2 Std. backen. Ofen ausstellen und den Baiser im Ofen bei leicht geöffneter Klappe abkühlen lassen. Dann sehr vorsichtig aus der Form nehmen, da der Baiser noch nicht fest ist, und mehrere Std. im Kühlschrank kühlen.
- Zum Garnieren: 1–2 Std. vor dem Servieren Sahne und Puderzucker mit dem Schneebesen schlagen, bis die Sahne fest wird. Den Baiser oben und an den Seiten etwa 1–2 cm dick bestreichen, mit Himbeeren, halbierten Erdbeeren und fein geschnittenen Kiwistücken garnieren. In den Kühlschrank zurückstellen.
- Unmittelbar vor dem Servieren das Fleisch der Passionsfrüchte zwischen die Fruchtstücke geben.

Rachel

Rachel stammt aus der neuseeländischen Hauptstadt Wellington, wo sie das Kochen gelernt und zu ihrem Beruf gemacht hat. Ihre Leidenschaft für ausgefallene Rezeptideen hat sie bis an die neuseeländische Botschaft nach Paris geführt, wo sie heute als Chefköchin arbeitet. Ihre persönliche Vorliebe gehört eindeutig der Patisserie, aber auch bei herzhaften Gerichten lässt Rachel sich vor allem von ihrer Kreativität, ihrer Freude an immer neuen Kombinationen und ihrer grenzenlosen Fantasie leiten. Sie ist von sich selbst und von ihren Ideen überzeugt, deshalb gesteht sie sich jede Kühnheit zu, um ihre Gäste auf Wege zu führen, die sie noch nie zuvor beschritten haben.

Neuseeland

Rachel widmet sich der Zubereitung ihrer Speisen ebenso konzentriert, wie eine Tänzerin die Schrittfolge eines Balletts ausführt. Sie hat die Augen überall, und während sie ihre kulinarischen Verführungen zubereitet, erklärt sie uns, wie sich die Küche ihrer Heimat ständig weiterentwickelt. Früher waren die Rezepte stark geprägt von der englischen Tradition, heute wird die neuseeländische Küche vor allem von der Kochkunst rund ums Mittelmeer und Asiens beeinflusst. Einwanderung verpflichtet, alle Kombinationen sind erlaubt! Darin liegt der Charme und das Einmalige dieser sehr modernen Kunst des Kochens. In den Restaurants gibt es keine Zwänge: Auf derselben Speisekarte findet man indische und französische, chinesische und italienische Gerichte. Die Einflüsse mischen sich und die Gerichte werden immer raffinierter. Ein Beispiel für Rachels Kreativität ist ihr *Orange roughy with a sweet chili glaze and lemon salsa*, das mild und pikant zugleich schmeckt. Ob Vorspeise oder Hauptgericht, bei ihr gehört zu allen Gerichten Fisch und Fleisch. Ein Zufall? Wohl nicht, wenn man weiß, dass auf nur vier Millionen Einwohner sechzig Millionen Schafe kommen!

Zum Nachtisch reicht uns Rachel eine Kombination aus Zitronentorte und Sorbet aus grünem Apfel. Doch damit ist ihr Ideenreichtum noch nicht erschöpft. Auch die Präsentation der Speisen gehört zu ihrer Kunst: Frittierte Basilikumblätter, ein paar Spritzer Balsamico-Essig, eingelegte Cherrytomaten – die Farben harmonieren und jede Schüssel gleicht einem Kunstwerk.

Seared venison filet

Hirschfilet

Zutaten für 4 Personen:

2	Knoblauchzehen
1 EL	Paprikapulver
4	Hirschfilets
	Salz
	Pfeffer

Als Beilage:

Salat, z. B. Rucolasalat

- Knoblauchzehen fein hacken und mit Paprikapulver mischen.
- Hirschfilets salzen, pfeffern und in der Knoblauch-Paprika-Mischung wenden. Filets in einer heißen Pfanne ohne Öl etwa 2 Min. von jeder Seite braten. 5 Min. ruhen lassen.
- Filets in feine Scheiben schneiden und mit Salat auf Tellern anrichten.

Green salad

Rucolasalat

Zutaten für 4 Personen:

1 EL	Senf
1	fein geschnittene Schalotte
½ TL	fein geschnittener Ingwer
1 EL	Portwein
2 EL	Himbeeressig
4 EL	Walnussöl
	Salz
	Pfeffer
150 g	Rucola
1 TL	gehackte Petersilie
1 TL	gehackter Kerbel
1 TL	gehackter Schnittlauch
2 EL	Heidelbeeren

- Vinaigrette aus Senf, Schalotte, Ingwer, Portwein, Himbeeressig, Walnussöl, Salz und Pfeffer in einer Schale anrühren.
- Rucola in einer Salatschüssel mit den gehackten Kräutern mischen.
- Unmittelbar vor dem Servieren auf den Tellern anrichten. Salat mit Vinaigrette begießen und mit Heidelbeeren dekorieren.

Lamb cutlets with coriander pesto

Lammkoteletts mit Korianderpesto

Zutaten für 4 Personen:

4 Lammkarrees
Salz
Pfeffer

Für das Korianderpesto:

3 Bund Koriander, fein gehackt
4 EL geriebener Parmesankäse
4 EL Pinienkerne
3 Knoblauchzehen, fein gehackt
1 TL Chilipulver*
2 EL gemahlenes Kumin*
2 EL Saft von 1 Limette
1½ TL Salz
4 EL Olivenöl

Als Beilage:

Backkartoffeln

- Das Pesto: Alle Pestozutaten mischen, zuletzt Olivenöl dazugießen.
- Lammkarrees zu Koteletts halbieren, Fett entfernen. Salzen und pfeffern. Grill oder Pfanne vorheizen, Koteletts bei starker Hitze etwa 2 Min. von jeder Seite braten. Etwa 2 Min. im vorgeheizten Backofen bei 210 °C (Umluft: 190 °C) fertiggaren.
- Koteletts mit Backkartoffeln servieren und mit Pesto beträufeln.

Roasted potatoes

Backkartoffeln

Zutaten für 4 Personen:

6	neue Kartoffeln
1 EL	Olivenöl
2 EL	fein gehackter frischer Rosmarin
	Salz
	Pfeffer

- **Die ungeschälten Kartoffeln waschen und in 1 cm dicke Scheiben schneiden. Olivenöl, Rosmarin, Salz und Pfeffer in einer Schüssel mischen, Kartoffelscheiben darin mehrmals wenden, damit sie von allen Seiten gewürzt werden, und auf einem Blech im vorgeheizten Ofen bei 180 °C (Umluft: 160 °C) etwa 30 Min. backen.**

Orange roughy with a sweet chili glaze and lemon salsa

Kaiserfisch mit Chilifond und Zitronensauce

Zutaten für 4 Personen:

Für die Zitronensauce:

- 1 rote Chilischote*
- 4 Zitronen
- 2 EL Zucker
- 1/4 Tasse fein geschnittene frische Minze
- Salz, Pfeffer

Für die Kaiserfischfilets mit Chilifond:

- 1/2 TL Chilipulver*
- 100 g brauner Zucker
- 2 TL Sojasauce*
- 4 TL Zitronensaft
- 1/4 TL Vierkräutermischung*
- 4 Kaiserfischfilets*

Als Beilage:

gebratener Sellerie

- Die Zitronensauce: Rote Chilischote zerkleinern, Zitronen mit einem Messer schälen und Fruchtfleisch in kleine Stücke schneiden. In einer Schüssel Chilischote und Zitrone mit Zucker, Minze, Salz und Pfeffer mischen.
- Der Chilifond: Chilipulver, Zucker, Sojasauce, Zitronensaft und Vierkräutermischung in einem Topf zum Kochen bringen, Hitze reduzieren und 5–10 Min. einkochen lassen.
- Die Fischfilets: Jedes Filet in diesem Fond wenden, dann in einer heißen Pfanne bei starker Hitze etwa 2 Min. von jeder Seite braten. Während des Bratens mit restlichem Fond begießen.
- Auf einem Teller Fisch mit Zitronensauce anrichten. Dazu passt gebratener Sellerie.

Roasted celeriac

Gebratener Sellerie

Zutaten für 4 Personen:

1	Sellerieknolle
2 EL	Olivenöl
	Salz
	Pfeffer

- Sellerie schälen und waschen, mit einer Reibe oder einem Zerkleinerer in feine Streifen schneiden. Sellerie in einer feuerfesten Schale mit Olivenöl begießen, salzen, pfeffern, gut umrühren. Schale mit Alufolie bedecken und im vorgeheizten Ofen bei 180 °C (Umluft: 160 °C) etwa 30 Min. braten.

Lemon tart

Zitronentorte

Zutaten für 4 Personen:

Für den Mürbeteig:
200 g zimmerwarme Butter
200 g gesiebtes Mehl
90 g Puderzucker
90 g Mandelpulver
1 Msp. Salz
1 Ei

Für die Zitronencreme:
geriebene Zitronenschale und Saft von 2 Zitronen
100 g Butter
175 g Zucker
3 Eier

Als Beilage:
Apfelsorbet

- Der Mürbeteig: Butter mit einer Gabel schaumig rühren. Mehl, Puderzucker, Mandelpulver, Salz und zuletzt das Ei dazugeben und zu einem Teig verkneten. In Frischhaltefolie wickeln und im Kühlschrank 2 Std. ruhen lassen.
- Die Zitronencreme: In einem Topf Zitronenschale und den Saft der Zitronen sowie Butter und Zucker bei schwacher Hitze verrühren, bis sich der Zucker auflöst. Wenn die Mischung flüssig ist, die vorher schaumig geschlagenen Eier dazugeben und bei schwacher Hitze unter kräftigem Rühren etwa 10 Min. einkochen lassen, damit die Mischung fester wird.
- Teig aus dem Kühlschrank nehmen, auf einer mit Mehl bestäubten Fläche ausrollen. Eingefettete Tortenform (∅ 25 cm) oder sechs kleine Formen mit dem Teig auslegen, mit Backpapier bedecken und mit einem Gewicht beschweren, damit der Teig nicht quillt. 30 Min. im Kühlschrank ruhen lassen, dann im vorgeheizten Ofen bei 180 °C (Umluft: 160 °C) etwa 20 Min. (Tortenform) oder etwa 15 Min. (kleine Formen) backen.
- Backpapier entfernen, abkühlen lassen und Zitronencreme auf dem Teig verteilen. 1 Std. im Kühlschrank ruhen lassen.
- Torte herausnehmen, leicht mit Puderzucker bestäuben. Oberfläche mit einem Bunsen- oder Crème-brûlée-Brenner abflämmen oder ein paar Min. im Grill bräunen, bis der Zucker karamellisiert ist.
- Gekühlt mit einer Kugel Apfelsorbet servieren.

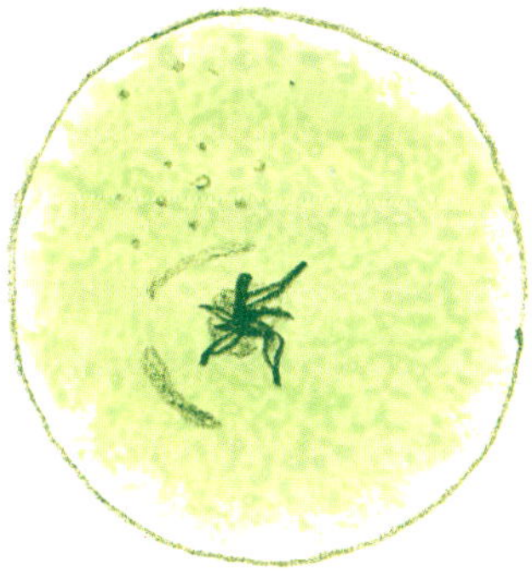

Apple sorbet

Apfelsorbet

Zutaten für 4 Personen:

100 g	Zucker
2	grüne Äpfel
	Saft von 2 Zitronen
800 ml	Apfelsaft

- Zucker und 80 ml Wasser erhitzen und zu einem Sirup kochen. Äpfel schälen und reiben, mit Zitronensaft, Apfelsaft und Sirup mischen. Mit dem Schneebesen gut verrühren und in eine Eismaschine gießen oder die Mischung 1 Std. im Gefrierschrank kühlen. Mit einem Löffel umrühren, um eine einheitliche Konsistenz zu erhalten, und weitere 3 Std. im Gefrierschrank kühlen.

Glossar

Agar-Agar: Japanische Meeresalge. Sie enthält ein Kolloid, aus dem Gelatine gewonnen wird, die man in Japan beim Kochen verwendet.

Angostura: Ein Bitter, der zum Aromatisieren von Drinks, aber auch in der Patisserie verwendet wird. Er wird hergestellt aus Pomeranzenschalen, Chinarinde, Enzian- und Angelikawurzeln, Gewürznelken, Muskatblüten, Kardamom, Zimt und Galant. Der Alkoholgehalt liegt bei 44 Vol.-%.

Baobabpulver: Pulver aus getrockneten und zerkleinerten Baobabblättern, das in Afrika südlich der Sahara verwendet wird.

Baumohren: Gallertartiger Baumpilz (Mu-Err-Pilz), der in der chinesischen Küche verwendet wird. Er verdoppelt sein Volumen, wenn er in Wasser eingeweicht wird.

Beur: Große Makrelenart. Wird im Senegal oft als Trockenfisch gegessen.

Bocksdorn *(Lycium barbarum)*: Nachtschattengewächs. Eine chinesische Heilpflanze, die bei Nieren-, Leber- und Augenleiden hilft.

Brickteig: Ein in seiner Herstellung aufwendiger Teig, der in sehr ähnlichen Varianten in der Türkei (z. B. für Baklava) sowie in Nordafrika und Asien (z. B. für Frühlingsrollen) Verwendung findet. Es gibt den Teig in griechischen und türkischen Lebensmittelgeschäften zu kaufen.

Bulgur: In Salzwasser gekochter und dann lange in der Sonne getrockneter Weizen. Die Körner werden anschließend in verschiedener Stärke – fein, mittel oder grob – geschrotet. Bulgur wird besonders in der Küche des Mittleren Ostens verwendet.

Chili: Frucht einer in Süd- und Mittelamerika beheimateten Pflanze. Die Chilischote wurde Ende des 15. Jahrhunderts nach Entdeckung der Neuen Welt durch Christoph Kolumbus in Europa eingeführt. Die Gewürzschote wird getrocknet, mariniert oder gekocht und anschließend püriert. Sie ist Bestandteil zahlreicher Gewürzmischungen und existiert in vielerlei Formen.

Christophine: Sie sind auch unter dem Namen Chayoten bekannt und gehören zur Familie der Kürbis-Gurkengewächse. Christophinen sind birnenförmig, grün bis gelblich, ihre Schale ist wellig und zum Teil stachelig. Das Fruchtfleisch ist weiß mit einem hellen Kern, der genießbar ist, meist aber nicht gegessen wird. Geschmacklich sind sie eine Mischung aus Gurke und Zucchini.

Cive: Auf den Antillen auch »Landzwiebel« genannt. Sowohl der weiße als auch der grüne Teil wird viel verwendet. Ähnelt der Lauchzwiebel, dem Porree und der Schalotte.

Colombopulver: Gewürzmischung, je nach Rezept aus Koriander, Kumin, schwarzem Pfeffer, Senf, Kurkuma, Chili, Reispuder und gerösteten Linsen, Safran ... Auf den Antillen verwendet man es bei der Zubereitung von Fleisch, Geflügel, Fisch und Schalentieren. Gerichte mit dieser Gewürzmischung nennt man Colombo. Man kann die Mischung fertig kaufen oder selbst zubereiten.

Diakhatou: Bitteraubergine, sehr herber Geschmack.

Japanischer Rundkornreis: Rundkornreis, der beim Kochen etwas klebrig wird. Gekocht ist er zart, aber noch etwas bissfest, er hat einen reichen, leicht süßlichen Geschmack. Die japanische Küche hat sich auf der Grundlage dieses Reises entwickelt. Als Grundnahrungsmittel wird er in vielfältiger Form zu jeder Mahlzeit, auch zum Frühstück, serviert.

Kaiserfisch: Fisch, der von Irland bis Spanien in großen Tiefen des Atlantiks und vor den Küsten Neuseelands im Pazifik lebt.

Kebbaba (Kubebenpfeffer): Die gestielten Beeren dieser Pfefferart sind etwas größer als gewöhnlicher Pfeffer und weisen eine ausgeprägt runzlige Oberfläche auf. Ihr Geschmack liegt zwischen scharf und bitter, mit einem stark harzigen Aroma. Die Beeren werden für gewöhnlich im Ganzen verkauft und erst kurz vor Gebrauch gemahlen.

Kochbanane: Gemüsebanane mit dicker grüner Schale, die auch reif sehr fest bleibt. In Afrika, auf den Antillen und in Südamerika beliebte Beilage zu Fisch und Geflügel. Die Kochbanane wird niemals roh verzehrt.

Kokosmilch: Milch, die aus dem Zermahlen des Fleisches der Kokosnuss gewonnen und vor allem in Indien, Südostasien, Lateinamerika und Afrika verwendet wird.

Kumin (Kreuzkümmel): Dieses Gewürz stammt aus Westasien und wird dort schon seit biblischen Zeiten kultiviert. Kumin wird häufig mit dem viel bekannteren Kümmel verwechselt. Die Früchte der beiden Gewürzsorten sehen ähnlich aus, im Geschmack unterscheiden sie sich jedoch deutlich: Kumin ist schärfer und leicht bitter mit einem stark aromatischen Geruch, der sich beim Braten und Rösten verändert. Man findet Kumin auch in Gewürzmischungen wie Curry und dem marokkanischen Ras el Hanout. Der deutsche Name Kreuzkümmel weist zum einen auf die äußere Ähnlichkeit mit Kümmel hin, zum anderen auf die gekreuzte Blattstellung der Kreuzkümmelpflanze.

Kurkuma: Kräftiges Gewürz, auch als »Indischer Safran« bezeichnet. Enthält eine gelb färbende Substanz und ist ein Bestandteil des Curry. Wird vor allem in Südostasien und Indien verwendet.

Lodde: Olivgrüner Hochseefisch, Dorschart. In den nordischen Ländern sind vor allem die Eier der Weibchen als »Kaviar« begehrt.

Maldive fish chips: Trockenfischbrösel, die von Händlern aus Sri Lanka verkauft werden.

Maniok: In den Tropen verbreitete Pflanze aus der Familie der Euphorbiaceen. Die Wurzel wird in Afrika, Zentral- und Südamerika gegessen. Bestimmte Sorten sind bitter und müssen vor dem Verzehr in Wasser gekocht oder geröstet werden. Aus Maniok wird auch Tapioka hergestellt.

Murunga: Afrikanischer Baum, dessen Blätter zum Kochen verwendet werden.

Nigari: Aus Meerwasser gewonnenes natürliches Bittersalz (Magnesiumchlorid), das, ähnlich wie Lab bei der Käseherstellung, zur Gerinnung von Tofumilch eingesetzt wird. Die geronnenen Sojaflocken werden in Formen zu meist rechteckigen Blöcken gepresst.

Nori: Nori-Blätter sind dünne Blätter, die aus Seetang hergestellt werden und etwa 20 x 20 cm groß sind. In Japan verwendet man Nori-Blätter für die Zubereitung bestimmter Sushis.

Okraschote: Okra gehört zu der botanischen Familie der Malvengewächse. Die etwa 10–15 cm lange Okraschote, auch *gombo* oder *lady's finger* genannt, wächst an einem Strauch und stammt ursprünglich aus Afrika. Okras sondern beim Kochen eine schleimige Flüssigkeit ab und sind deshalb nicht jedermanns Geschmack. Sie werden in der afrikanischen, indischen und kreolischen Küche verwendet.

Pitabrot: Libanesisches Fladenbrot.

Ras el Hanout: Keine festgelegte Mischung, sondern generischer Name für marokkanische Gewürzmischungen. Enthält süßliche (Nelken, Zimt), scharfe (Pfeffer, Paradieskörner) und bittere (Kubebenpfeffer) Geschmacksnoten. Wird für viele Gerichte in Nordafrika verwendet, vor allem für Couscous.

Reis-Essig: Der in der asiatischen Küche sehr geschätzte Reis-Essig wird aus saurem fermentiertem Reiswein hergestellt. Der japanische Reis-Essig ist mild, der chinesische, der je nach Reissorte weiß, rot oder schwarz sein kann, hat einen würzigeren Geschmack. Reis-Essig wird oft mit Ingwer, getrocknetem Bonito (eine Fischart), Sesam, Zwiebel, Meerrettich und Senf gewürzt. Man isst ihn zu Rohkost, Suppen und süß-sauren Speisen und verwendet ihn in zahlreichen Marinaden.

Rotes Palmöl: Rotes Öl, das aus dem fermentierten Fleisch der Betelpalmenfrucht gewonnen wird.

Sambal Oelek: Chilipaste zur Aromatisierung asiatischer, vor allem indonesischer Gerichte.

Schlangenhaargurke (Patola): Eine chinesische Gurkenart. Ein grünes Gemüse, ähnelt in der Form einer langen Gurke und ist 60–100 cm lang. Weich, von der Konsistenz eines Kürbises, aber ohne die feste Schale. Das weiße Fruchtfleisch ist zart und in Beschaffenheit und Geschmack mit Auberginen oder gekochten dicken Bohnen vergleichbar. Schlangenhaargurken werden von indischen und sri-lankischen Lebensmittelhändlern verkauft.

Schwarzaugenbohnen: Eine Bohnenart mit sehr kleinen, cremefarbig-matten nierenförmigen Körnern, die als namengebendes Charakteristikum eine schwarze Nabelzeichnung in der Mitte aufweisen. Diese Bohnenart wird u. a. in Indien und Westafrika gerne für Eintöpfe verwendet.

Shiso: Pflanze aus der Familie der Minzegewächse mit einem zarten Basilikumgeschmack. Die Japaner lieben sie nicht nur wegen ihres Geschmacks, sondern auch wegen der antibakteriellen Wirkung, die sie ihr zuschreiben. Es gibt eine rote und eine grüne Shiso-Art.

Smen: Geschmolzene, gekochte, gesalzene und in geschlossenen Tontöpfen aufbewahrte Butter. Sie wird in Marokko verwendet und verleiht dem Couscousgrieß seinen leicht salzigen Geschmack und die Cremigkeit.

Sojamilch: Reiche, cremige Milch aus geschälten, gekochten und in Wasser zermahlenen Sojakörnern.

Sojasauce: Die japanische Sojasauce Shoyu wird aus vergorenen Sojabohnen, Salz und Weizenmehl hergestellt. Sie ist etwas süßlich und hat einen milden Geschmack. Ähnlich sind auch die koreanischen Sojasaucen. Chinesische Sojasaucen sind salziger.

Steinsalz (Pottasche): Salz aus unterirdischen Quellen, das durch Bohrungen gewonnen wird.

Sumbala: Gewürz, das in mehreren Ländern West- und Zentralafrikas benutzt wird. Sumbala ist auch eine wichtige Proteinquelle für die Ernährung einkommensschwacher Familien. Es wird durch die Fermentierung der Samen des Nerebaums hergestellt. Den Namen Sumbala trägt es in Burkina Faso, an der Elfenbeinküste, in Guinea, Mali und Niger. In Nigeria und im Norden Ghanas nennt man es Dawadawa, im Senegal Netetu und in Benin Afitin.

Surimi: Krebsfleischimitat aus geriebenem Fisch, der aromatisiert, geformt und gefärbt wird.

Sushi-Essig: Zubereitung aus Reis-Essig, Salz und Zucker. Wird zur Sushi-Herstellung verwendet.

Tahine: Ölige Paste aus gerösteten und gemahlenen Sesamkörnern. Wird bei vielen Gerichten im Mittleren Osten verwendet.

Tapioka: Lebensmittelstärke aus der Maniokwurzel, die gekocht, zu Flocken zermahlen und getrocknet wird. Tapioka wird vor allem für Suppen und Süßspeisen verwendet.

Tchoukou: Trockenkäse in Niger, der aus Kuhmilch, Ziegenmilch oder einer Mischung aus beidem hergestellt wird. Direkt nach dem Melken wird der noch warmen Milch Lab zugesetzt, damit sie gerinnt. Anschließend wird sie schnell getrocknet.

Thiof: Edler Seefisch, mit dem weißen Zackenbarsch verwandt.

Tofu: Geronnene Sojamilch. Tofu ist von weicher, käseähnlicher Beschaffenheit. Er wird hergestellt, indem man frische, warme Sojamilch mit dem Gerinnungsmittel Nigari mischt. In Japan wird Tofu roh, kalt, warm oder in der Suppe gegessen, man kann ihn auch gekocht mit Gemüse, Fisch oder Fleisch genießen oder damit eine Salatsauce zubereiten.

Vierkräutermischung: Mischung aus Zimt, Ingwer, Nelken und Muskat. Auch andere Mischungen tragen diesen Namen.

Viktoriaseebarsch: Großer afrikanischer Meeresfisch, der auch die Flüsse hinaufschwimmt und dessen Fleisch sehr geschätzt wird.

Wakame: Grüne Alge, die man getrocknet kauft und einweichen muss, ehe man sie verwendet. In Japan isst man sie vor allem in Suppen oder Salaten.

Wasabi: Japanischer Meerrettich. Grünes, sehr scharfes Gewürz aus der Wurzel einer Pflanze, die in Japan wächst. Wird zur Zubereitung von Sashimi und Sushi verwendet, ebenso zum Würzen von Fisch- und Fleischgerichten. Er ist als Pulver oder Paste erhältlich.

Wilder Kümmel: Wildpflanze mit aromatischen Früchten, die bei der Herstellung von Gebäck, Käse und Wurst und zur Aromatisierung von Alkohol verwendet werden.

Worcestersauce: Diese Würzsauce besteht aus einer Mischung indischer Aromastoffe und reift in Holzfässern, damit sie ihre spezielle Würze annimmt. Die Engländer haben sie im 17. Jahrhundert nach Europa eingeführt. Mit ihrem pikanten Geschmack dient sie zur Geschmacksverstärkung verschiedener Gerichte oder spezieller Cocktails.

Yeet: Getrocknetes, gesalzenes Muschelfleisch.

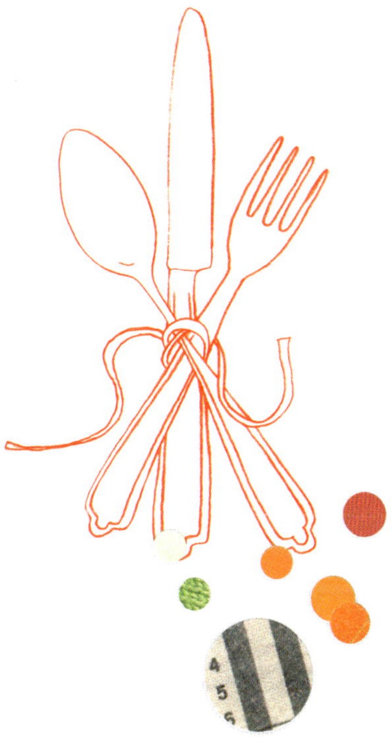

Rezeptregister

In diesem Register werden die Rezepte in alphabetischer Reihenfolge genannt, wobei der Originalname und das Land jeweils in Klammern gesetzt werden. Die Rezepte sind gegliedert nach: Appetithäppchen und Vorspeisen, Beilagen, Brot und Teigwaren, Salate, Gemüse und Nudeln, Fisch und Schalentiere, Fleisch, Nachspeisen und Kuchen sowie Getränke. Einige Gerichte tauchen möglicherweise in mehreren Kategorien auf, weil sie als Vorspeise, Hauptgericht oder Beilage gegessen werden können.

Achtung: Die für die Zubereitung einer Vorspeise erforderlichen Mengen unterscheiden sich von denen für ein Hauptgericht oder für eine Beilage. Wenn Sie aus einem Vorspeisenrezept ein Hauptgericht (oder umgekehrt) machen wollen, empfehlen wir Ihnen, die angegebenen Zutatenmengen zu überprüfen.

Außerdem werden einige der Vorspeisen oder Hauptgerichte zusammen mit anderen Vor- und Hauptspeisen angeboten. Wenn Sie nur ein Gericht essen wollen, empfehlen wir Ihnen, die angegebenen Mengen zu erhöhen.

Appetithäppchen und Vorspeisen

Auberginen in Knoblauchsauce (*Suan Zhi Zheng Qie*, China) 76
Auberginencreme (*Zaalouk*, Marokko) 131
Auberginenkaviar (*Baba Ghannouj*, Syrien) 53
Bohnensuppe mit Wildem Kümmel (*Harira bel karouia*, Marokko) 135
Champignons mit Knoblauch (*Champiñones al ajillo*, Spanien) 34
Fisch, roh mariniert (*Ceviche*, Chile) 120
Flädlesuppe (Deutschland) 20
Fleischtaschen (*Briouattes bel kefta*, Marokko) 133
Fleischtaschen (*Pastels*, Senegal) 149
Gambas mit Knoblauch (*Gambas al ajillo*, Spanien) 34
Garnelentoast (*Skagen toast*, Schweden) 43
Gemüsestreifen, gebraten, mit Gewürzen (*Achard*, Mauritius) 156
Kabeljaubällchen (*Acras de morue*, Antillen) 103
Kichererbsenpüree mit Sesamcreme (*Humus*, Syrien) 52
Knoblauchgarnelen (*Camarones al pilpil*, Chile) 121
Kochbananenchips (*Patacones*, Kolumbien) 113
Krake auf galizische Art (*Pulpo a la gallega*, Spanien) 35
Linsen, rot (*Dhal*, Sri Lanka) 71
Mini Choux, pikant gefüllt (*Krustader*, Schweden) 42
Parmesanchips (*Tegole al parmigiano*, Italien) 28
Pasta, sardisch (*Pasta alla sarda*, Italien) 30
Sardellenpaste (*Anchoïade*, Frankreich) 15
Tapenade (Frankreich) 14
Tofu mit Wakame (*Wakamè iri yudôfu*, Japan) 88
Zuckerschoten, gebraten, mit Bocksdorn (*Gou Qi He Lan Dou, China*) 79

Beilagen

Auberginenratatouille (*Caponata*, Italien) 29
Backkartoffeln (*Roasted potatoes*, Neuseeland) 177
Christophinengratin (*Gratin de christophines*, Antillen) 104
Gemüsetörtchen (*Vegetable custard*, USA) 97
Kochbananenchips (*Patacones*, Kolumbien) 113
Kokosreis (*Arroz con coco*, Kolumbien) 115
Mais-Gemüse mit Crème fraîche (*Maque choux*, USA) 94
Pilaw-Reis (*Brinz*, Armenien) 63
Reis (Antillen) 107
Sellerie, gebraten (*Roasted celeriac*, Neuseeland) 179
Semmelknödel (Deutschland) 23
Sushi-Reis (*Sushi-meshi*, Japan) 83
Tofu (Japan) 82

Brot und Teigwaren

Hirsebrei, fester (*Tuwo*, Niger) 142
Knoblauchbrot (*French garlic bread*, Australien) 167
Muffins aus Maismehl (*Corn muffins*, USA) 95
Weizenfladen (*Tipuri*, Mauritius) 157

Salate

Geflügelsalat mit Kartoffeln (*Salat Olivier*, Armenien) 60
Karottensalat mit Orangensaft (*Chlada b'khézou*, Marokko) 130
Kichererbsensalat mit Kumin (*Chlada dial hams*, Marokko) 131
Krautsalat (*Coleslaw*, Australien) 167
Murungasalat (*Copto*, Niger) 140
Petersiliensalat (*Gotukola sambol*, Sri Lanka) 70
Rohkostteller (*Salad plate*, Australien) 166
Rucolasalat (*Green salad*, Neuseeland) 174
Salat mit gebratenen Paprikaschoten (*Chlada dial felfla*, Marokko) 130
Tomaten-Chili-Salat (*Chatini*, Mauritius) 159
Tomatensalat mit Tofu (*Tofu to tomato no salada*, Japan) 82
Weizensalat (*Taboulé*, Syrien) 54

Gemüse und Nudeln

Auberginen in Knoblauchsauce (*Suan Zhi Zheng Qie*, China) 76
Gemüsecurry (*Patola*, Sri Lanka) 69
Kokosmilch für Gemüsegerichte (*Pol kiri*, Sri Lanka) 68
Linsen, rot (*Dhal*, Sri Lanka) 71
Mais-Gemüse mit Crème fraîche (*Maque choux*, USA) 94
Pasta, sardisch (*Pasta alla sarda*, Italien) 30
Reis mit Schwarzaugenbohnen (*Dunguri da mô*, Niger) 141
Zuckerschoten, gebraten, mit Bocksdorn (*Gou Qi He Lan Dou*, China) 79

Fisch und Schalentiere

Fisch, roh mariniert (*Ceviche*, Chile) 120
Fischcurry (*Carrie de poisson*, Mauritius) 158
Garnelencurry (*Isso Curry*, Sri Lanka) 73
Kaiserfisch mit Chilifond und Zitronensauce (*Orange roughy with a sweet chili glaze and lemon salsa*, Neuseeland) 178
Kalmare, gefüllt (*Calamari ripieni*, Italien) 31
Krake auf galizische Art (*Pulpo a la gallega*, Spanien) 35
Lachs in Kaviarsauce (*Lax och romsås*, Schweden) 44
Meeresfrüchte in Sahne (*Chupe de mariscos*, Chile) 123
Paella (Spanien) 37
Reis mit Fisch (*Thieboudienne*, Senegal) 150
Sushi mit Garnelen (*Temari*, Japan) 87
Sushi mit Lachsrogen (*Nori-maki-2*, Japan) 84
Sushi mit Surimi (*Nori-maki-1*, Japan) 84

Fleisch

Eitaschen (*Dan Jiao*, China) 78
Fleischkuchen (*Kebbeh*, Syrien) 55
Hackbällchen (*Köfte*, Armenien) 62
Hähnchencolombo (*Colombo de poulet*, Antillen) 107
Hirschfilet (*Seared venison filet*, Neuseeland) 174
Huhn Monterey (*Monterey chicken*, USA) 96
Kaninchen aus dem Languedoc (*Lapin à la languedocienne*, Frankreich) 16
Kokosmilch für Fleischgerichte (*Pol kiri*, Sri Lanka) 68
Lamm mit Rosinen und Honig (*Maruziya*, Marokko) 132
Lammkeule mit Blechkartoffeln (*Leg of lamb*, Australien) 169
Okraschoten mit Fleisch und Fisch (*La foye taiyo*, Niger) 143
Putengulasch (Deutschland) 22
Rinderbraten kolumbianisch (*Posta*, Kolumbien) 114
Suppenhuhn, gefüllt (*Zheng Ji*, China) 77
Weinblätter, gefüllt (*Dolmas*, Armenien) 61

Nachspeisen und Kuchen

Ananasflan (*Flan de piña*, Kolumbien) 116
Apfelsorbet (*Apple sorbet*, Neuseeland) 181
Birnengelee (*Yonashi no jely*, Japan) 89
Biskuitrolle »Zigeunerarm« (*Brazo de gitano*, Spanien) 38
Crumble mit roten Früchten (*Mixed red fruit crumble*, USA) 99
Eierkuchen, klein, mit Milchkonfitüre (*Alfajores*, Chile) 125
Fruchtbaiser (*Pavlova*, Australien) 170
Grießcreme mit Zimt (*Mamuniye*, Syrien) 56
Hefegebäck (*Nazukner*, Armenien) 64
Hirsecreme (*Donu*, Niger) 144
Kokosflan (*Flan au coco*, Antillen) 108
Milchpastete (*Knaffa: bastilla bel'hlib*, Marokko) 136
Obstsalat mit Orangenblütenwasser und Honig (*Soupe de fruits à l'eau de fleur d'oranger et au miel*, Frankreich) 17
Omas Schokoladenkuchen (*Granny's chocolate cake*, USA) 98
Rhabarberkuchen (*Rabarber paj*, Schweden) 47
Rote Grütze (Deutschland) 25
Süße Hirsespeise (*Thiakri*, Senegal) 152
Tapioka (Mauritius) 160
Vanillesauce (*Vaniljsås*, Schweden) 47
Zitronentorte (*Lemon tart*, Neuseeland) 180

Getränke

Kaffeegetränk, senegalesisch (*Café touba*, Senegal) 152
Mokka, armenisch (*Surdj*, Armenien) 65
Planter's Punch (Antillen) 102

Zutatenregister

A

Adjuma-Chilischote 107
Agar-Agar-Pulver (Gelatine) 89
Ananas 102, 111, 116
Angostura (Bitterschnaps) 102, 111, 116
Apfel 99, 167, 173, 181
Aubergine 29, 53, 76, 131, 107, 150, 151, 158
Avocado 42, 84, 113, 166

B

Banane 17
  Kochbanane 113, 183
Baobabpulver 139, 142, 144, 182
Baumohren (Pilz) 77, 182
Beur (Fisch) 150, 151, 182
Birne 89
Bitteraubergine 150, 151, 182
Blumenkohl 15, 166
Bocksdorn (Gewürz) 79, 182
Bohnen
  grüne Bohnen 156
  Saubohnen 135
  Schwarzaugenbohnen 141, 184
Brickteig 133, 136, 182
Brot 19, 23, 33, 41, 43, 51, 93, 155, 167, 186, 187
Bulgur 54, 55, 182

C

Champignons 6, 22, 34, 166, 186
Chilipaste 103, 121, 184
Chilipulver 35, 37, 73, 140, 176, 178
Chilischote 30, 34, 96, 103, 107, 143, 150, 151, 156, 158, 159, 178, 182
Chorizo 37
Christophine (Kürbis-Gurkengewächs) 104, 182
Cive (Zwiebelgewächs) 103, 104, 182
Colombopulver 107, 182
Curry 69, 73, 158, 166

D

Diakhatou (siehe Bitteraubergine)
Dickmilch 144

E

Eier 20, 23, 31, 38, 43, 62, 78, 97, 98, 103, 108, 116, 125, 133, 166, 170, 180
Erbsen 37
Erdbeeren 17, 25, 170

F

Fenchel 15, 30
Forellenrogen 84

G

Gambas 34, 73
Garnelen 34, 37, 42, 43, 73, 87, 121, 123, 166
Gewürzgurken 60
Gewürznelken 20, 107, 152, 182
Gurken 54, 87, 166
  Schlangenhaargurken 69, 184

H

Hartweizengrieß 56
Heidelbeeren 25, 174
Himbeeren 17, 25, 99, 170
Hirsch 174

Hirsemehl 142, 144, 152
Huhn 77, 96

I

Ingwer 20, 71, 73, 77, 78, 88, 135, 156, 158, 174

J

Joghurt 55, 64, 152, 166
Johannisbeeren 25, 99

K

Kabeljau 101, 103, 119, 120
Kaiserfisch 178, 183
Kalmar 31, 37, 123
Kaninchen 6, 13, 16, 188
Kapern 13, 14, 29
Karotten 15, 20, 107, 130, 150, 151, 156, 166, 167
Kartoffeln 60, 107, 169, 177
Kebbaba (siehe Kubebenpfeffer)
Kichererbsen 52, 131, 135
Kirschen 25
Kiwi 170
Kochbanane 113, 183
Kochschinken 104
Kohl 33, 150, 151, 156, 167
Kokosmilch 68, 69, 71, 73, 115, 183
Kokosraspeln 70, 108, 160
Kondensmilch 108, 116, 125, 152
Koriander 31, 61, 62, 73, 82, 96, 133, 135, 158, 159, 176
Krake 35
Kubebenpfeffer 135, 183
Kumin (Kreuzkümmel) 69, 71, 120, 123, 130, 131, 135, 141, 143, 144, 176, 183
Kurkuma 69, 71, 135, 156, 183

L

Lachs 44
Lachsrogen 84
Lamm 55, 132, 135, 169, 176
Langusten 37
Limette 70, 73, 96, 102, 176
Linsen 135
rote Linsen 71
Lodderogen 42, 44

M

Mais 94
Maldive fish chips (siehe Trockenfischbrösel)
Mandeln 132, 136, 160
Maniok 151, 183
Miesmuscheln 37, 123
Mini Choux (Windbeutel) 42
Murunga 73, 140, 183

N

Nelken 20, 107, 152
Nigari (Gerinnungsmittel) 82, 183
Nori (Seetang) 84, 183
Nudeln 30

O

Okraschoten 143, 183
Oliven 14, 29, 131, 166, 167
Orangen 13, 17, 102
Orangenblütenwasser 17, 56, 130, 136, 152

P

Palmöl (rot) 143, 184
Paprika 15, 60, 94, 114, 130, 166, 167
Parmesan 28, 123, 176

Passionsfrucht 170
Pasta (siehe Nudeln)
Patola (siehe Schlangenhaargurke)
Pitabrot 183
Porree 20, 88
Pottasche (siehe Steinsalz)
Pute 22

R

Ras el Hanout (Gewürzmischung) 132, 184
Reis 115, 141, 150, 151
  Basmati-Reis 61, 63, 107
  Langkornreis 37
  Rundkornreis, japanischer 83, 84, 87, 182
Rhabarber 47
Rind 20, 55, 61, 62, 114, 141, 143, 149
Rosinen 132, 152, 160, 167
Rucola 174
Rum 102, 108, 116

S

Sambal Oelek 43, 184
Sardellen 14, 15, 30
Saubohnen 135
Schlangenhaargurke 69, 184
Schokolade 98
Schwarzaugenbohnen 141, 184
Schwein 77, 78
Seehasenrogen 42, 44
Seehecht 120
Seelachs 120
Sellerie 15, 20, 29, 135, 166, 167, 179
Shiso (Minzgewächs) 82, 84, 184
Smen (Butter) 132, 184
Sojamilch 82, 184
Steinsalz 141, 142, 143, 184
Sumbala (Gewürz) 143, 184
Suppenhuhn 77
Surimi (Krebsfleischimitat) 84, 184

T

Tahine (Gewürzpaste) 52, 53, 185
Tapioka (Speisestärke) 160, 185
Tchoukou (Trockenkäse) 144, 185
Thiof (Fisch) 150, 151, 185
Tintenfisch 123
Tofu 82, 88, 185
Tomate 29, 30, 31, 37, 54, 70, 71, 73, 94, 96, 97, 114, 130, 131, 140, 143, 158, 159
Trockenfischbrösel 69, 70, 71, 183

V

Vanille
  Vanilleessenz 102, 108
  Vanilleschote 25, 47
  Vanillezucker 64, 108, 152
Vierkräutermischung 55, 62, 178, 185
Viktoriaseebarsch 143, 158, 185

W

Wakame (Grünalge) 88, 185
Walnüsse 130
Wasabi (japanischer Meerrettich) 84, 185
Wein 16, 22
Weinblätter 61
Wilder Kümmel 135, 185
Windbeutel (Mini Choux) 42

Y

Yeet (getrocknetes Muschelfleisch) 150, 151, 185

Z

Zitronengras 69, 71, 73
Zucchini 97, 107
Zuckerschoten 79

Danksagung

Herzlichen Dank an Aïcha, Alba, Chantal, Dileeni, Eva, Fatéma, Glenda, Kajsa, Kariné, Leïla, Lihong, Margarita, María, Marie-Andrée, Marie-Laure, Monique, Paola, Rachel, Sonia und Yuko für ihre Großzügigkeit, ihre Geduld und ihre wunderbare Gastfreundschaft.

Wir danken auch Sandrine Bergerat, Catherine Bourzat, Jackie Brackenbury, Denis Drouhet, Cathy Fourès, Christine de Francqueville, Colette Geneste, Les Laboratoires Arka, La Chambre noire, M Adrian Macey, Botschafter Neuseelands in Paris, Sophie Maslakian, Laurence Mouton, Pascal Pugeault und Françoise Wolf für ihre Unterstützung bei der Entstehung dieses Buches.

Die Autorin und die Fotografin

Cécile Maslakian, geboren 1964, ist Redakteurin und Autorin mehrerer Kochbücher. Sie arbeitet seit Jahren mit Isabelle Rozenbaum zusammen.

Isabelle Rozenbaum, geboren 1960, hat 1983 in Paris ihr erstes Fotoatelier gegründet. Die erfolgreiche Fotografin hat sich auf Porträt- und Foodfotografie spezialisiert.

Die Illustratorin

Silke Klemt, geboren 1973, ist Grafikerin und Illustratorin. Sie gestaltet für verschiedene Verlage Bücher, Kalender und Spiele. Sie liebt den Umgang mit Farben in Kombinationen von harmonisch bis schräg und arbeitet mit ganz unterschiedlichen Techniken, von der Handzeichnung über Collagen bis zur Vektorgrafik.